教子36计

解决难倒父母的36个问题

武鹏程 主编

时代出版传媒股份有限公司
安徽教育出版社

图书在版编目（CIP）数据

解决难倒父母的 36 个问题 / 武鹏程主编. —合肥：安徽教育出版社，2012.11

（教子 36 计）

ISBN 978-7-5336-7169-3

Ⅰ.①解… Ⅱ.①武… Ⅲ.①家庭教育 Ⅳ.①G78

中国版本图书馆 CIP 数据核字（2012）第 270943 号

书名	解决难倒父母的 36 个问题	主编：武鹏程
出版人：朱智润	策划编辑：夏业梅	责任编辑：江 舟
	责任印制：王 琳	装帧设计：许海波

出版发行：时代出版传媒股份有限公司　http://www.press-mart.com
　　　　　安徽教育出版社　http://www.ahep.com.cn
　　　　　（合肥市繁华大道西路 398 号，邮编：230601）
　　　　　营销部电话：(0551)63683010,63683011,63683015
排　　版：安徽创艺彩色制版有限责任公司
印　　刷：合肥江淮印务有限责任公司　　电话：(0551)62606278
（如发现印装质量问题，影响阅读，请与印刷厂商联系调换）

开本：710×1010　1/16　　印张：14　　字数：290 千字
版次：2012 年 11 月第 1 版　　　2012 年 11 月第 1 次印刷

ISBN 978-7-5336-7169-3　　　　　　　　定价：29.80 元

版权所有，侵权必究

前 言

在孩子的成长过程中,总会养成很多不良习惯,会形成一些性格缺陷,也会出现很多生活、学习、思想等等方面的难题,面对孩子的这些不良习惯、性格缺陷等难题时,父母应当怎么办呢?

其实,父母首先应当根据孩子的种种行为,深入了解孩子的心理,探究孩子为什么这么做,想要什么,会怎么做,然后从孩子的心灵和需求出发,才能更好地面对和处理孩子的这些难题。

书中列举了在孩子成长、生活中常常碰到的36个难题,比如好动、贪玩、不听话、粘人、记性差、不自信、说谎、挑食等等。在每一个问题中,把孩子和父母对这个问题的想法呈现出来,让父母知道自己的期望或者直观想象与孩子内心深处的想法和感觉的不同之处,最后从大处着手,教给父母一些实用、有效的解决孩子这些问题的方法。

本书注重列举、分析现实中出现的各种事例,以此展现孩子和父母的真实想法,为父母解决孩子成长过程中出现的各种难题提供方法。

目 录

问题 1："都是为你好，长大你就明白了" / 1
  疑问：操劳为孩子，换来的不是感激 / 1
  心理：父母"入侵"孩子的成长过程 / 2
  解决：不仅仅是孩子的问题 / 4

问题 2："这孩子怎么这么不听话" / 7
  疑问：孩子为什么老是不听话 / 7
  心理：不听话是自我意识在发展 / 8
  解决：用规矩限制孩子的行为 / 10

问题 3："你给我老实地呆会" / 13
  疑问：孩子老是停不下来 / 13
  心理：感觉，是孩子获取知识的途径 / 14
  解决：放手，让孩子了解更多 / 16

问题 4："快点，把自己的东西收起来" / 19
  疑问：孩子满屋乱七八糟的东西 / 19
  心理：秩序是认识空间的过程 / 20
  解决：别着急，把训斥换成方法 / 22

问题 5："不许去，在家画画" / 25
  疑问：孩子喜欢的事却坚持不下去 / 25
  心理：好奇可以发展成兴趣 / 26
  解决：时间限制将兴趣延长 / 28

问题 6："今天'法外开恩'，多玩半小时吧" / 31
  疑问：法外开恩，孩子当时挺开心 / 31
  心理：习惯养成21天法 / 32
  解决："恩典"可以有，别太多 / 34

问题 7:"妈妈,你别看" / 37
疑问:孩子,你为什么把妈妈拒之门外 / 37
心理:是孩子长太快,还是更年期提前 / 38
解决:带孩子走入大人的生活圈 / 41

问题 8:"孩子,为何不信任我" / 43
疑问:孩子,为何事事都防着父母 / 43
心理:信任是双方的 / 44
解决:从小事中表现对孩子的信任 / 46

问题 9:"孩子,你到底听到没有" / 49
疑问:劝告,总被当成耳边风 / 49
心理:沟通方式,让孩子无法接受 / 50
解决:换种口气,让孩子听懂话 / 52

问题 10:"孩子,你怎么坐不住啊" / 55
疑问:坐不住,精力不能集中原因在哪 / 55
心理:"频繁"关爱,让孩子精神不集中 / 56
解决:注意力训练一、二、三 / 58

问题 11:"累了吧,快去休息一会儿" / 61
疑问:这种体贴未必是关心 / 61
心理:孩子心理的"假累"现象 / 62
解决:让孩子尽快去做感兴趣的事情 / 63

问题 12:"天空是什么颜色的" / 67
疑问:孩子为什么会如此不自信 / 67
心理:孩子的"怀疑癖" / 68
解决:让孩子"放心"犯错 / 70

问题 13:"这孩子的思想真是天马行空" / 73
疑问:天马行空就是想象力强吗 / 73

心理:"心理神游"是种病 / 74

　　解决:良好的家庭环境喂饱"精神" / 76

问题 14:"我要妈妈" / 79

　　疑问:孩子粘人,天天离不开人 / 79

　　心理:被"乖现象"掩盖的依附心理 / 80

　　解决:放手,让孩子"当家做主" / 82

问题 15:"我要,我要,我还要" / 85

　　疑问:无限索求的孩子怎么了 / 85

　　心理:病态心理下的占有欲 / 86

　　解决:教会孩子与人分享 / 88

问题 16:"这是 1,1、2、3、4 的 1" / 91

　　疑问:孩子太小,记不住 / 91

　　心理:启蒙教育时控制自己的"废话" / 92

　　解决:利用游戏完成启发式教育 / 94

问题 17:"别动,小心摔着" / 97

　　疑问:孩子真的小吗 / 97

　　心理:父母帮太多,孩子自卑感愈强 / 98

　　解决:相信孩子是个小大人 / 100

问题 18:"妈妈,把它拿开" / 103

　　疑问:胆小,是孩子天生的吗 / 103

　　心理:恐吓,让孩子对未知害怕 / 104

　　解决:让孩子走进害怕的区域 / 105

问题 19:"这个根本不是小朋友送的" / 109

　　疑问:孩子说谎,差点被他蒙混过去 / 109

　　心理:说谎,孩子的第一个计谋 / 110

　　解决:孩子想用谎言掩饰什么 / 111

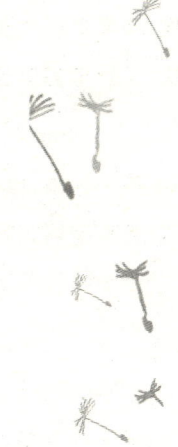

问题 20:"这孩子被宠坏了" / 115

 疑问:娇生惯养是孩子的通病 / 115

 心理:物质生活过于丰富的恶果 / 116

 解决:让孩子"皈依"正常化的生活 / 118

问题 21:"真是个败家子" / 121

 疑问:孩子的"败家"行为 / 121

 心理:孩子心中的"我"意识 / 122

 解决:为孩子建立"物权"概念 / 123

问题 22:"孩子,你真棒" / 127

 疑问:我的孩子被夸坏了 / 127

 心理:夸奖可以让孩子肯定自我 / 128

 解决:父母自省自己的夸奖方式 / 130

问题 23:"别买这个,这个易脏不好洗" / 133

 疑问:孩子的事,自己当不了家 / 133

 心理:凡事有妈妈呢 / 134

 解决:从小给孩子选择权 / 135

问题 24:"不准打人,不准在床上吃东西" / 139

 疑问:"不准"不起作用 / 139

 心理:孩子的注意力集中在"不许"上 / 140

 解决:用积极的方法告诉孩子"允许"的事 / 142

问题 25:"小祖宗,求求你了" / 145

 疑问:拿孩子真没办法了 / 145

 心理:哀求孩子没有用 / 146

 解决:把哀求换成惩罚手段 / 147

问题 26:"如果得到小红花,就奖励" / 151

 疑问:奖励的许愿诱导孩子进步 / 151

心理:物质奖励带给孩子的心理变化 / 152

　　解决:物质奖励比不上精神奖励 / 153

问题 27:"闭嘴,别再说话了" / 157

　　疑问:孩子说个没完,烦人 / 157

　　心理:孩子说话,想表达什么 / 158

　　解决:说话时,要记得尊重孩子 / 159

问题 28:"好吧,好吧,下不为例" / 163

　　疑问:妈妈总是心太软 / 163

　　心理:妈妈不同意,我就哭 / 164

　　解决:治疗妈妈的"心软病" / 165

问题 29:"别管他,让他自己来" / 169

　　疑问:孩子为什么这么任性 / 169

　　心理:教育出来的任性孩子 / 170

　　解决:新式故意忽略法 / 172

问题 30:"为什么没有准时回家" / 175

　　疑问:事先说好的事,孩子没遵守 / 175

　　心理:孩子对承诺的理解 / 176

　　解决:抓住教育重点,多说解决办法 / 178

问题 31:"为了你,妈妈心都操碎了" / 181

　　疑问:生活中的"牺牲者"形象 / 181

　　心理:孩子"被掠夺"的心理 / 182

　　解决:父母的生活重心要调整 / 183

问题 32:"这一点就是比我家孩子强"/ 187

　　疑问:别人的孩子这么好 / 187

　　心理:拿自己的孩子跟别人的孩子比较 / 188

　　解决:找到更有效的激励方法 / 190

问题 33:"今天上午怎么样呀" / 193

疑问:孩子不让我问 / 193

心理:就餐时,孩子让问题吓怕了 / 194

解决:餐桌会议可以这样开 / 195

问题 34:"来,吃点这个" / 199

疑问:孩子挑食,咋回事 / 199

心理:孩子挑食原因在于父母 / 200

解决:正确的方法养育"杂食"孩子 / 201

问题 35:"妈妈,我错了" / 205

疑问:孩子的道歉这么随意 / 205

心理:让孩子认识到错误 / 206

解决:给孩子时间承认错误 / 208

问题 36:"来,爸爸陪你玩" / 211

疑问:世上只有妈妈好 / 211

心理:孩子成长中,父亲更重要 / 212

解决:爸爸,站出来 / 214

问题

"都是为你好,长大你就明白了"

疑问:操劳为孩子,换来的不是感激

"看着孩子那么小,我一直很担心他的安全,万一走路摔倒了怎么办?于是,上学的路上我都牵着孩子的手,生怕孩子磕着碰着,但孩子却不领情,经常把我的手甩开。"

"孩子现在上幼儿园,我们也都要上班,但是为了孩子,我们要早早起床,做饭、帮孩子穿衣服、打洗脸水、拿书包等等。然而,孩子总是嫌我做的早餐不好吃,有时候非要到外面吃各种东西。我对孩子说外面的东西很不卫生,可孩子就是要吃。"

"一个周末,4岁的女儿突然想吃糖,一个劲儿地让我给她买。我对孩子说:'小孩子不能经常吃糖,牙齿会坏掉的。'可孩子却说:'很多人都在吃啊,我要吃嘛!'可为了孩子的健康,我就是不买。一会儿,孩子开始哭闹了……"

诸如此类的小事很多很多,可正是这些小事让父母们头疼不已,自己的教育方法与策略,也一直改了又改,换了又换,到底该怎么让孩子懂自己的心,该怎样才能了解孩子的心事呢?

与此同时,父母也会觉得自己的出发点是好的。"孩子怎么就不喜欢我们这么做呢?多么希望孩子能够投来感激的笑容和目光啊!可事实是,我们操心劳力为孩子,孩子却不接受、不领情,更不用谈什么感激了。"

心理:父母"入侵"孩子的成长过程

"我就是想吃糖,凭什么其他的小伙伴可以吃,我就不可以?妈妈说糖吃多了会坏牙齿,可老师说孩子的牙齿是可以再长出来的。既然这样,牙齿吃坏了再长就好啦。如果妈妈再不买糖给我,我就不再喜欢妈妈了。"

"妈妈,你别每次都拉着我进学校了,我长大了!"

"妈妈做的饭太难吃了,而且非要我每天吃鸡蛋、喝牛奶,天天吃多没劲啊!要是妈妈能隔三差五地换些花样就好了。"

学龄前的儿童心智是不完善的,他们没有判断好、坏、对、错的经验和观念,往往以自我为中心,特别是3岁～6岁的孩子,正处于叛逆期。如果父母不满足他们的要求,他们就哭闹,甚至扑倒在地上打滚;如果父母担心孩子的生活、学习和安全,而样样、时刻管着孩子,不给孩子自由发展的空间,不给孩子动手动脑的机会,不仅会使孩子产生严重的依赖性,使孩子的独立意识、独立人格、自尊心和上进心受到伤害,甚至还会使孩子产生逆反心理。

一位深受父母严厉管教的女孩说:"我知道我妈妈很爱我,但爱得我一点自由都没有。我穿什么衣服、梳什么发型、背什么书包,全都是我妈说了算。有时候,我真想离家出走。"

这个小女孩已经产生逆反心理了。我们还可以从一项调查中看出孩子对父母过多的管教的看法。

在一个孩子对父母教育方式的看法的调查中,希望父母管得多的占总数的5.8%,具有讽刺意味的是,这些孩子觉得平常都是父母为自己处理各种事情,离开父母的管教就什么都不会做了;而希望父母少管的孩子占10.7%,这些孩子希望父母给他们点自由,自己能做的事自己做;19.6%的孩子希望能自我教

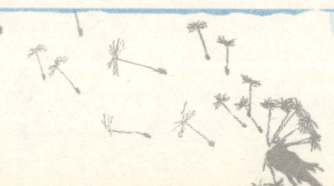

育，要求家长提出计划或指导性意见，让他们自己自行处理一些事务。

由此，在美国，"中国妈妈"被当成贬义词，也就不难理解了。在西方家庭，父母对孩子的教育方式是比较开放的，孩子说自己喜欢做面包，长大了要做个面包师，父母会很开心，并加以鼓励。可如果我们听到自己的孩子说理想是做一个"厨子"，相信不少父母会不高兴，或者默不作声，或者劈头盖脸一顿臭骂，甚至抡起巴掌，认为孩子"没出息"。

父母确实应当知道自己对孩子管得过多会对其产生的不良影响。

首先，父母对孩子管得太多太死，孩子自我需求与自我性格的塑造就会变得模糊。溺爱、攀比以及模子化、格式化的教育，会让孩子变成火柴盒里没有任何区别的火柴一般，彼此同一个"身材"、同一张"面孔"。而人本来就是需要多样性的，相对的家庭教育当然也需要多样性。而且社会上的岗位也是多样性的，需要各种各样有个性、有特点、有特长的人。可我们的家庭教育却是"计划教育"，很难培养出个性人士、尖端人才。

其次，父母对孩子管得过多，让孩子全身心投入学习中，对孩子是不利的。好的家庭教育，应当培养孩子好的习惯、品格和德行，对于学龄前儿童来说，"玩"很重要，知识多学一点少学一点，并不是第一位的。然而，父母却把着孩子的学习不放，要么让孩子学习钢琴、小提琴等各种乐器，要么把孩子的时间控制得滴水不漏。

一些攀比观念较深的父母，往往注重自己的孩子和其他孩子的比较，这容易让孩子产生严重的嫉妒心理。据媒体报道，某校两位在班里学习成绩数一数二的学生，由于经常被父母拿来比较，大打出手。

最后，对孩子的管教太多，孩子就没有自由发展的空间和自我发挥的余地。一些父母总喜欢把孩子的一切给规定好、安排好，不管是生活习惯、各种琐事，还是人生方向、各种兴趣爱好，都要亲力亲为，还不准孩子改变。这对孩子的发展的不良影响显而易见。

的确，父母是辛劳的，但是挚爱孩子的父母，把孩子的衣食住行各个方面都安排得"井井有条"，却是适得其反。那作为父母，我们应当如何处理孩子的事情，不至于管教太多呢？

解决：不仅仅是孩子的问题

从上文可知，父母过多地管教孩子，会带来很多弊端，所以当父母觉得自己的辛苦付出不仅没有换来感激，反而遭到冷言冷语甚至反抗时，不要把责任推在孩子身上，而是要从自己身上着手。

"爱，是一种幸福。但有时，爱无'法'，爱无'方'，双方缺少理解和沟通，也会带来伤害。爱的冲突由此而来。"

"你可以将一匹马牵到河边，但你绝不可以按着马头让它饮水。"

那作为父母，如何得知自己的做法已经"过多"了呢？正确的做法是怎样的？父母管教过多通常表现在以下几个方面：

剥夺孩子独立处理问题的机会

当孩子和伙伴们一起玩耍时，如果出现一点小摩擦，父母就会马上制止和干涉。父母这样做剥夺了孩子学会独立处理问题和矛盾的机会。其实，只要没有危及孩子的安全，让孩子们自己应付是最好的选择。假如非得介入的话，父母也只能充当倾诉对象和仲裁者，而不是为孩子解决问题。

强制孩子吃各种饭菜

很多父母都担心孩子吃不饱、吃不好、没有营养，于是每次吃饭都强迫孩子吃各种各样的饭菜。父母关心孩子的身体健康当然没错，但是要注意方法。如果孩子确实由于饮食问题出现了各种诸如食欲不振、消化不良或者消瘦的现象，那父母就要按照医生的嘱咐让孩子吃各种不同的营养食物；如果孩子健健康康，没有什么异样，那就完全没有必要强制了。事实上，在小康家庭，很多孩子有营养过剩的现象。

总与孩子的穿着"较劲"

父母不要总是站在自己的立场上来评价孩子的穿着，认为孩子穿得不好看，而替孩子决定穿什么样的衣服。除非孩子没有根据气候变化改变穿着，否则就放手让孩子自己选择。

问题1 "都是为你好,长大你就明白了"

不厌其烦地给孩子打电话
当孩子在幼儿园正玩得高兴的时候,或者孩子在朋友家里玩耍时,父母因为担心孩子的安全,频繁地给孩子打电话。这种干涉孩子一言一行的做法不利于孩子自主能力的培养。

让孩子做父母的"下属"
当孩子白天不在家或者上幼儿园的时候,父母总会要求孩子汇报这一天都做了什么事情。除非怀疑孩子出了严重问题,否则父母没有必要强迫孩子汇报白天的详细情况。

喜欢不定时"查房"
搜查孩子的卧室是一种卑劣手段。父母应当在"远处"观察孩子,不能妨碍孩子体验生活。

为孩子规划未来
父母对孩子抱有期望是理所当然的,但一些父母却根据自己的意愿,把孩子十几年后要进的大学都选好了,还让孩子树立目标。难道"现在"不比"将来"重要吗?苗苗妈妈管教苗苗的做法就值得我们学习:

苗苗周末要在老师的带领下,和幼儿园的小伙伴参加夏令营,妈妈该如何为孩子准备物品呢?如果苗苗妈妈拿起书包,把孩子需要的各种物品全部装进去的话,孩子自然在活动过程中不会遇到缺少物品的情况。但是,这样做孩子会高兴吗?孩子能够得到锻炼吗?

苗苗妈妈的做法就很高明。她告诉孩子应当注意目的地的天气情况,言下之意是让孩子多备些衣服。当孩子带的衣服少了,她就提醒苗苗:"我听老师说,这次你们要到山上去,山上的气温很低的,说不定晚上还有活动,你再想想还应该带些什么物品?"

虽然这次苗苗因为带的衣服少了,那晚感觉冷了,但孩子回来就对妈妈说:"妈妈,我的衣服带得不够,下次要好好想想,把应该带的物品写在纸上。"

不当"法官",学做"律师"

有些父母看到孩子出了问题,便义不容辞地当起了"法官"为孩子解决问题,其实这是很危险的。

聪明的父母要学会不当"法官"当"律师"。父母对待孩子要像律师对待自己的当事人一样,了解其内心需求,并以始终维护其合法权利为宗旨。父母要了解孩子,呵护其自尊,维护孩子应有的权利,成为孩子信赖和尊敬的朋友。

不当"裁判",学做"拉拉队"

在人生竞技场,父母无法替代孩子,也不该自作主张地去当"裁判"。父母的角色应该给孩子一种保持良好竞技状态的力量,在需要的时候帮助孩子建立自信心,孩子犯错时也要及时提醒。

父母做孩子的"拉拉队",引导孩子正确面对失败,在孩子遭遇挫折时做他的战友。

不当"驯兽师",学做"镜子"

教育是三分教,七分等。"等一等"是很有用的。其原因就是人体有一定的自我治愈能力,施加外力往往会适得其反。

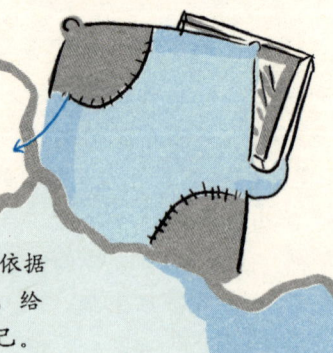

教育也是同样的道理,家长不妨多点耐心,给孩子倾诉的机会,有时通过孩子的自我反省就能解决问题。

年幼的孩子没有是非观念,因此他们只能依据他人的反馈来认识自己,父母要学做"镜子",给孩子准确的反馈,从而帮助孩子更好地认识自己。

问题 2

"这孩子怎么这么不听话"

疑问：孩子为什么老是不听话

许多父母都在抱怨,孩子怎么越来越不听话,哪怕是说尽道理,严厉批评,孩子依然我行我素。

"早上我急着去上班,萌萌却一直跟我捣乱,我把鞋给她穿好了,她趁我不注意又脱了下来。有时候回到家看到满屋子的玩具,马上帮她收拾好了,一会儿她又弄得到处都是。沙发后面的沙发套拉链经常被拉开,她把里面的东西掏出来乱扔,甚至插座、水壶等危险的物品她也要接触……平时在家里越是不让她做的事、不让她碰的东西她偏要做、偏要碰。我好好和她说都不行,批评也不管用,这可怎么办?"

这位母亲的抱怨相信很多父母都深有体会。四五岁左右的孩子几乎天天和父母作对,经常稍不如意或者没有满足他们的要求,就会发脾气、哭闹,父母对这样的孩子常常是束手无策,经常被闹得头晕,成为一块心病。

可所有父母都希望自己能在孩子面前树立起威信,希望自己说出的每一句话,都能在孩子那里起作用,何况父母的所作所为都是为了孩子好。

于是，面对这些"不听话"的孩子，很多父母被迫采取的就是责怪、训斥、强制甚至打骂等惩罚性措施。然而，这些措施往往适得其反，孩子依然不听话，依然叛逆。

那孩子到底为什么老是这么不听话呢？

心理：不听话是自我意识在发展

道理都说尽了，也批评了，甚至惩罚措施也实施了，为什么孩子就是不听？其实，这和孩子的自我意识发展有关系。

孩子的自我意识是指孩子对自己以及自己与客观世界关系的一种意识，包括自我感觉、自我理解、自我控制、自我掌握、自尊、自爱等等。

孩子在出生时是没有自我意识的，他们好比是"蛋壳中的小鸡"，不能把自己同外界环境区分开来，还不具备本体性，因此会时常发生把自己的小手或小脚当玩具来玩的现象。

随着孩子越来越大，他们的自我意识也在慢慢发展，1岁～2岁是孩子自我意识的萌芽阶段，3岁～6岁是孩子自我意识的发展阶段。父母可以通过"镜像实验"来判断孩子是否已经开始萌生自我意识：

当孩子睡觉的时候，在孩子的鼻子上抹上一些红色颜料，等孩子醒来后带他到镜子前面，如果孩子的手能够去抚摸自己的鼻子，这说明孩子已经具有自我意识。

当孩子自我意识逐渐加强后，他们开始有了自己的想法，并试图去尝试，对父母的要求和安排喜欢说"不"，或干脆执拗地对着干。这表明，孩子已经进入"第一反抗期"了。

于是，当孩子长到两三岁这个自我意识逐渐加强的阶段时，一个最明显的变化就是"皮"了、"犟"了、有自己的小主意了，活动的自主性和积极性有所提高了，加上开始意识到"自我"的力量，因而什么事都想参与，而让父母痛苦的是，孩子的这种表现往往和父母的规范、话语相抵触。

这时，如果父母把自己的意愿强加到孩子身上，他就会反抗，进而产生挫折感，时间一长就变得越来越"不听话"，"不听话"现象就成了爸爸妈妈心中挥之

问题2 "这孩子怎么这么不听话"

不去的"痛"。

上节中的萌萌就是想按照自己的意愿去做事,想尝试认识周围的世界,发现自己的能力。可妈妈不仅不理解和支持,还总是想方设法阻止她的"破坏行为",惩罚她的"不听话"。这不仅会加剧孩子的"不听话",可能还会让孩子对父母产生一种不喜欢、反抗的情绪,也就是"叛逆"。

不过,父母要知道,培养儿童积极的自我意识,是儿童心理健康和人格形成的核心内容。孩子发掘自我的过程,也是发掘其内在潜力的过程,让孩子从小养成和确立一种良好的自我意识,对他们今后跨入社会、面对挫折和挑战帮助很大。除了自我意识加强之外,孩子不听话还有其他两个原因:

孩子的运动能力发展了

随着孩子身体的快速生长,他们的身体活动能力逐渐成熟,对扩大自己的独立活动空间非常渴望。因此他们会不断地、独立地尝试做新的事情。这时,如果父母对孩子的这些行为加以阻拦或者限制,孩子就会产生不满情绪,于是开始不听话,和父母对着干。

萌萌最初的"不听话"就是这样形成的,她只是想活动一下自己的身体,到处乱摸乱碰,只有通过这种运动尝试,她才能不断地获得感性经验,发展运动能力,提高认知水平。如果父母像监视"犯人"一样监视孩子,他们想碰什么都被拒绝,只会激发他们更强的好奇心,一旦有机会就会再去尝试。

孩子的好奇心得不到满足

儿童好奇心强,什么新鲜物品都要触碰。如果父母不理解这种好奇的探索心理,认为他们是在胡闹、调皮而限制他们的行动,甚至训斥、打骂他们,很容易引起他们不满。

知道了孩子不听话的原因之后,父母应当可以理解孩子的"难处"了吧。是的,教育孩子是一项艰巨的任务,需要父母了解孩子在各个时期的心理和生理状况,体会孩子的"难处"。然而,很多父母一味地对孩子讲道理,这是行不通的,好比是孩子饿了,您却给他一瓶矿泉水,而孩子渴了,您又给他一碗米饭。

那父母究竟要怎样解决孩子不听话的问题呢?制定各种规矩限制孩子的行为是最好的选择。

解决：用规矩限制孩子的行为

对于儿童不听话的现象，父母可以根据不同年龄的儿童制定不同的规矩加以限制。那父母应该如何为孩子制定规矩来应对孩子不听话的行为呢？

孩子3岁的时候

行为特征：这时期的孩子能够理解原因和结果的概念，也能够慢慢地应付一些挫折，所以在父母的要求中，孩子们有能力做到的事情，他们也愿意按父母说的去做，比如睡觉前要洗漱。但是，父母别指望孩子能够始终合作，孩子发脾气和哭闹仍会经常发生，还会撅嘴生气或者哭哭啼啼地抱怨。

难点和重点：3岁大的孩子是非常任性的，这是孩子自我意识发展的结果。父母所面对的挑战和重大任务是如何让孩子学会更好地控制他们的情绪。

对待3岁大的孩子，父母的做法：

让孩子多做一些事情，如果孩子无法坚持到底，不要责罚，而是要在过程中发现孩子的努力和进步，并给以鼓励和表扬。

让孩子在快乐轻松的环境中养成各种好习惯。比如，放一段音乐，让孩子在音乐结束以前要做好饭前的准备工作：洗手、摆放好自己的小碗和小勺、双手交叉不乱动东西。

惩罚孩子的时间不能长。尽管3岁的孩子已经发育到能够承受3分钟的惩罚了，但是为了避免事态的严重发展，还是尽早结束惩罚，让孩子少受点挫败的折磨，想办法让孩子的注意力转移到其他事情上为好。

孩子4岁的时候

行为特征：由于这时期的孩子更加专注于游戏和各种活动，当他们玩得正起劲儿的时候，想让他们放下玩具或者停止游戏就显得比较困难。由于他们更加了解自己缺什么和想要什么，他们会用更加强烈的方式来抱怨、哭闹，甚至有时候为了达到目的，他们会隐瞒事实的真相，但他们并不知道这是错误的行为，是在欺骗。

问题2 "这孩子怎么这么不听话"

难点和重点:这个年龄的孩子的社交能力不断发展。父母所面对的挑战和重大任务是如何让孩子学会合作,使他们的需求与其他人的需求达到均衡。

对待4岁大的孩子,父母的做法:

父母要给孩子充足的时间去游戏,不要试图中止。

既然孩子哭闹越来越强烈,父母不妨置之不理,不过于关注他们的哭闹,不表现出不同于往常的反应。

4岁大的孩子有欺骗的行为是正常的,要冷静地对待孩子的谎言和欺骗,不要因为他做了什么或者掩盖了什么事情就贬低他,使他产生羞愧感。

孩子5岁的时候

行为特征:这时期的孩子开始学习站在他人的立场想一想对方会是什么样的感受,能够懂得遵守规则,也能做一些简单的家务事。但是,他会超越界限试探您。

难点和重点:这时期的孩子已经能够领会父母具体的要求和规则了。父母所面对的挑战和重大任务是如何让孩子学会依据自己懵懂的道德意识去完成事情。

对待5岁大的孩子,父母的做法:

问孩子:"你喜欢别人这样对你吗?"然后告诉孩子他这种行为给别人造成的后果是什么,向孩子解释清楚为什么要遵守行为准则。

设一些限制使孩子明白自我控制的重要性。比如告诉他:"给你3分钟的时间停止大哭小叫,否则你就得自己呆在房间里不许玩玩具了。"

从4岁起对孩子严格一点

按照孩子的发展规律,对4岁及更大的孩子,父母可以针对他们最令人头疼的行为表现,比如和小朋友打架,说话粗鲁无礼,喜欢哭闹等等,制定一份规则清单。

在制定规则的时候,父母要注意规则的合理性,要确定违反规则的后果,面对孩子违规的行为,父母要迅速平静下来,反应、言行要前后一致,不要反应过度。此外,父母还要有反复重申规则的思想准备。

孩子多大才会懂事

平常经常听到一些老人说，孩子还小，现在还什么都不懂，等长大了就好了。这种树大自然直的思想对儿童教育是不利的。也许过去老人们都是这样教育自己的子女的，但时代不同了，孩子们所处的环境也发生了很大的变化。

最明显的一个变化是生活条件已经完全不同于过去，孩子们想要什么就有什么，孩子们不会经历过去的那种磨难和锻炼，缺少了很多自然生活中的教育机会。另一个变化就是缺少了儿童同伴间的教育环境。

那么，一个小孩什么时候开始懂事呢

首先，我们来看看，孩子是怎么样变成不懂事的孩子的。孩子从出生就开始了对外界客观世界的认识和理解。但最初的这种理解只是一种条件反射，是一种低层次的理解。如一个孩子生下来的本能反应就是哭，身体不舒服了哭，饿了哭，想找人的时候也哭……孩子的本能反应引起家长的应答性反应，就是来到孩子身边，解决孩子的问题。随着这种应答性活动的增多，孩子逐渐理解了一个事实，就是哭可能促使成人满足自己的要求。逐渐的，当孩子有了什么要求，包括合理的与不合理的，他们就试图用哭来解决问题。

如果成人不加区分地给予满足，哭就成了孩子最锐利的要挟成人的武器，只要不满足就会哭闹，甚至升级为踢打父母。这样的孩子就变成了不懂事的孩子，出现问题的时候，对成人的劝告往往是置若罔闻或者嬉皮笑脸，当父母真正发火要揍他的时候，孩子才会停止其不合理行为。

从上面的例子也可以看出，要让孩子懂事其实是从孩子很小的时候就要开始引导的。

问题 3

"你给我老实地呆会"

疑问：孩子老是停不下来

很多孩子都非常好动，而且总是停不下来，劝说、制止都无济于事，不少父母为此还担心孩子得了什么病，愁死了，比如明明。

明明从小就好动，无论是躺着、趴着、坐着，手脚都不停地动来动去，没有消停的时候。明明的妈妈说："我的孩子在一个地方呆的时间一长，就会哭着闹着要走。因为我不怎么约束他，再加上孩子爬得早，所以在地上爬滚也就成了家常便饭，只要不过分，我一般都由着他。可自从会走了以后，他的活动空间就更大了，我的烦恼也随着多了起来。"

不光是明明妈妈，李妈妈也同样存在这样的困扰："小区里小孩子很多，所以每天都会聚在一起玩，然而其他的小孩可以在一个地方玩很长时间，而我们家孩子却满地跑。另外，他的胆量很大，到任何一个陌生的地方都不会怕生，只要有人聚集，他就会凑过去。比如有人打羽毛球，他会去拿别人的球拍；看见有人下象棋，他会用手一抓一把；看见其他小朋友的玩具，他更不会放过，可每次他拿了别人的东西玩，都不会超过3分钟，过后就寻找新目标……我每天都口干舌燥地跟他讲道理，可他却乐此不疲。都说小孩好动是天性，可我们家孩子是不是太好动了？不知对他以后的发展会不会有影响？"

许多父母都反映自己的孩子很好动，甚至怀疑孩子是"多动症"。看着孩子总是静不下心来，父母忧心忡忡。

心理：感觉，是孩子获取知识的途径

孩子是依靠"感觉统合"来感觉、认识世界和周围的环境的，可以说，感觉，是孩子获取知识的最直接、最重要的途径。

感觉统合是指大脑和身体相互协调的学习过程，指机体在环境内有效利用自己的感官，以不同的感觉通路（视觉、听觉、味觉、嗅觉、触觉、前庭觉和本体觉等）从环境中获得信息输入大脑，大脑再对其信息进行加工处理（包括解释、比较、增强、抑制、联系、统一），并作出适应性反应的能力，简称"感统"。

而好动、充满好奇心就是孩子做出感觉统合过程的手段和动机。所以，父母要理解孩子好动的天性、"总停不下来"的"脾性"和强烈的好奇心。

首先，儿童"好动"是天性

年龄特征：孩子年龄小，活泼好动是他们的本性，这是孩子与成人之间的一个最明显的区别，是再正常不过的事。相反，如果孩子整天坐着不动，像个成人一样沉稳，父母会不愁吗？

智力特征：每一个孩子的智力都是不同的，一些孩子的智力确实比一般的孩子高。这些孩子的精力旺盛，总有多余的精力和力气。那这些多出来的精力就需要找到出口，于是好动渐渐成了习惯。

教养习惯：部分孩子由于父母教育方法不正确，从小就养成好动的习惯，习惯一经形成是很难改变的。

标签效应：每一个人包括孩子的心理都有一个奇怪的现象，会按照自己或者别人的期望的方向发展，特别是父母，他们是孩子最重要的人，当父母为孩子贴上"好动"的标签之后，孩子自然而然地会成为好动的人。这里，父母的评价如同一个标签，心理学上把这种现象称为"标签效应"。可以这么说，有些孩子

的类似多动症的表现,是父母不经意间经常的评价"培养"出来的。

其次,利用孩子的好奇心

强烈的好奇心能驱使孩子接触各种事物,变得"好动",是孩子获取知识的途径。孩子年龄小,生活范围狭窄,知识经验有限,因而世间万事万物对他们都有着强大的诱惑力,对于周围的一切事物,他们都会感到那么奇特和不可思议。

而当孩子有了好奇心,便会去尝试。尝试是孩子好奇心的直接表现。这种表现体现为:无论什么时候,孩子都跃跃欲试,会想要去看、听、嗅、尝、摸,有时还会做出惊人之举。比如用嘴尝东西,用手抓红红的火,到池塘边捉青蛙,在鱼塘里捉鱼,趁父母不在,将屋子弄得一团糟,把一些玩具拆开,给大人们添了不少麻烦。

可这正是尝试,尝试正是孩子获取知识、认识世界的主要途径。在尝试中,他们思维积极活跃。同时,他们会积累各种事物的直接经验,使各方面能力得到发展。

最后,父母要明白孩子好动和多动症的区别

注意力与兴趣的关系:多动症的儿童一般没有什么兴趣爱好,不管什么时候都很难集中注意力。相反,对于喜欢做的事情,好动的孩子一般能够专心地去做,甚至对别人(比如父母)的干涉和阻挠会不高兴。至于很多父母说,他们的孩子虽然能够集中注意力做一些事情,但也有很多事情无法专注,这是因为,其他的事情不是孩子感兴趣的。

行动的目的性、计划性及系统性:好动的孩子的行动常具有一定目的,并有计划及安排。多动症患儿的行动杂乱,没有规律,有始无终。

自制能力:好动的孩子在严肃的、陌生的环境中,有自我控制能力。

由于几乎所有的学龄前儿童都或多或少有类似的症状。即使是再大一点的孩子,要确诊为多动症也具有一定的难度。所以,很多专家指出,对6岁以下的孩子,大多数医生都不会将其诊断为多动症。当然,这个阶段的孩子有一些细节也可以提醒家长提早关注。

如果父母认为自己的孩子存在注意力方面的问题,可以向医生咨询,医生通过研究症状的细微之处可以知道是多动症还是其他类型的精神紊乱等问题。

解决：放手，让孩子了解更多

很多妈妈常常会抱怨孩子太淘气，好动，担心会发生磕碰或受伤。其实，父母可以不用担心孩子好动的现象，因为这是孩子强烈的好奇心的体现，是孩子获取知识的途径。

正确的做法是，放手，让孩子在这个过程中得到更多的知识。父母应当平和地对待孩子好动的个性，试着放手，让孩子按照自己喜欢的方式行事，这对他们的成长发育是非常重要的。

美国著名画家本杰明·威斯特的母亲就是一位懂得放手、让孩子按照自己的喜好做事的聪明妈妈。

一个小男孩在家里照顾他的妹妹莎莉，他无意中发现了几瓶彩色墨水，这些瓶子对他是一种极大的诱惑。母亲不在家，小男孩忍不住打开瓶子，开始在地板上画起了妹妹的肖像。客厅各处都被洒上了墨水，家里变得乱七八糟。

他的妈妈回来后，被眼前的情景惊呆了，但她同时也看到了地板上的那张画像。她不仅对色彩凌乱的墨水污渍视而不见，而且还惊喜地说："啊，那是莎莉！"接着她弯下腰来亲吻了她的儿子。

这个男孩就是本杰明·威斯特，著名画家。他常常骄傲地对别人说："是母亲的亲吻使我成为画家！"

本杰明·威斯特成功的例子让我们知道了正确对待孩子在满足好奇心过程中的过错对孩子一生发展的重大影响。

的确，家长不必过于担心孩子的好动行为，他们其实是在玩耍和行动的过程中进行学习和探索。

父母可以在保证安全的前提下，放手让孩子尽情玩耍，给他们充分的自由，探索大千世界的各种新奇。

同时，父母也可以利用孩子的好奇心，跟他们一起玩游戏，并在玩的过程中有意识地对孩子进行引导，让他们多动脑筋，多思考，多自己动手解决问题，让

问题3 "你给我老实地呆会"

孩子健康成长。

比如,当孩子拿到一个球拍或是抓别人的棋子时,父母就可以告诉孩子这是什么,怎么玩,做什么用,还可以引导他们去观察打羽毛球的动作,让他们学习模仿。这样既丰富了孩子的知识,又培养了孩子的兴趣、观察能力、模仿能力以及与他人交往的能力。

又比如,孩子对家里的玩具机器人产生了好奇,趁妈妈不在,将机器人拆散,自己又不会组装,组件到处都是。看到这种情况,父母应该耐心地指导孩子亲自动手组装,多提供一些智力玩具和一些物体模型,例如小汽车、小闹钟、机器人等等小玩具,让孩子拆装,满足其求知欲。相反,如果加以训斥和责罚,会使孩子的好奇心受到压抑。

此外,在孩子玩游戏的过程中,父母可以给他们提供丰富的玩耍材料,尤其是生活中真实存在的事物,比如水、沙、泥、米、面,乃至锅碗瓢盆,都可以拿给孩子"玩"的。

而当孩子全神贯注玩耍的时候,父母不要打搅他,也不要离开他,而是坐在旁边陪伴他,分享他玩耍、发现和创新的快乐。

除了放手让孩子做喜欢的事情之外,父母还应当作出如下努力:

1. 帮助孩子集中注意力。着眼孩子喜欢的东西,调动孩子学习的兴趣,使他集中注意力的时间加长。比如当孩子喜欢画画时,您应该给他充足的空间,甚至可以和他一起画。

2. 充实孩子的生活内容。父母尽量把孩子的生活安排得丰富多彩,让他有机会宣泄过剩的精力。比如让他参加适当的运动,如平衡木、跳床等。

3. 多鼓励孩子,给孩子减少压力。给孩子适当的鼓励和肯定,让他学会坚持。不要因为他不会弹琴就把他说成"笨小孩",而给孩子太大压力。

4. 不要在孩子面前吵架。父母应当给孩子做一个好榜样,让孩子知道,冲动和吵闹不是解决问题的办法。

某位记者曾经采访一位"问题儿童"。在这个孩子家里,母亲全身心照顾儿子,父亲也尽量缩减工作时间,一有空就回家教育儿子。

给孩子空间,亲子不如远子

面对记者的提问,这个15岁的少年懒极了,能少说一句则少说一句。父母则恰恰相反,面对提问他们总是积极地回答。

父亲对记者说:"老师说孩子有问题,责任在我们,因此我打电话要求老师准许儿子延期交功课……"儿子忍不住插嘴:"交不了功课,应该由我自己向老师交代。"

记者问孩子:"我看得出父母很为你着想,但是越是负责的父母,就越容易培养出不负责任的孩子。你知道我的意思了吗?"孩子有些惊讶地望着记者,斩钉截铁地说:"一针见血!"

父母过分地关心孩子,把很多孩子应该做的事揽在自己身上,久而久之,孩子就会认为那本来就是父母的责任,是理所应当的。因此,父母不妨给孩子一些空间,让他自己处理自己应该做好的事情。

问题

"快点，把自己的东西收起来"

疑问：孩子满屋乱七八糟的东西

学龄前儿童的房间，总是乱得一塌糊涂，父母看了就心烦，只能帮他们收拾，可没过几天又恢复原样了。

笑笑今年5岁了，在幼儿园的学习和表现都挺好的，可就是有一点让父母难以接受，那就是笑笑的房间特别乱，自己都不收拾。

对此，笑笑的妈妈颇为感慨地说："……她的房间非常乱，桌子上面全是各种各样的小东西，乱七八糟的，找不到一点空的地方；床铺上，衣服、书本扔得到处都是；地上，脚都没地方踩……每次叫她整理房间，她也做了，可表面是干净了，实际上所有东西都塞在桌子里。每次到她的房间，我都会怒不可遏，好好的心情就会一团糟。昨晚到她的房间，我又发火了，触目所及，没一处是干净的。上周她不在家，我就帮她整理了一上午，抽屉里什么洗衣粉、可乐瓶、牛奶、糖果纸、没吃完的饼干，应有尽有，扔了两麻袋垃圾。可没几天，一切又恢复原样，我真是太头疼了，担心她以后的生活会一团糟，真不知道其他同龄的孩子是不是也是这个样子。"

孩子满屋子乱七八糟的现象,是很多父母共同的心病,或许孩子在其他方面表现良好,但对于孩子特别是女孩子来说,凌乱的房间毕竟会影响孩子将来的生活习性乃至生活态度。

孩子为什么会这样呢?

心理:秩序是认识空间的过程

很多孩子的房间之所以乱七八糟,或者就算妈妈让他们收拾,他们也是做得一塌糊涂,是因为在学龄前儿童心里,还没有一个对秩序的完整认识,这是一个认识空间的过程。

很多有孩子的家庭经常遇到这样一件头疼的事:屋里经常被孩子搞得乱七八糟,玩具、食物四处乱丢,自己的房间甚至客厅都一团乱。难道孩子只会乱扔乱放东西,没有一点生活秩序吗?

其实不然。孩子天生喜欢井然有序的生活环境,从出生开始,孩子就有着对空间秩序的本能需求。

美国教育学和心理学教授、多元理论创始人——霍华德·加德纳,在多元智能理论中指出:"空间智能是人们生活学习的基本能力,更是人们进行艺术、科学、数学及文学活动时不可或缺的能力。"

而空间秩序感正是掌握空间智能的一种体现,是指孩子准确地感觉视觉空间中各种事物形态体现出的均衡、比例、对称、节奏等特征,并把这些感知表现出来的能力。

意大利幼儿教育专家玛丽亚·蒙台梭利认为,学龄前儿童对事物的空间秩序有强烈的需求,外在的秩序感有助于发展内在的秩序感。(秩序感,是指对物体摆放的空间或生活起居习惯的时间等顺序的适应性。)

事例一:在幼儿园的午睡室里,到了起床时间,孩子都在忙碌,有的穿衣服,有的叠被子,幼儿园老师也在一旁给予必要的指导。一会儿,孩子整理完后,午睡室变得清爽整齐了。可当老师满意地准备离开时,一个小女孩突然又跑回去,认真地把边上的几张床移了移,反复几次后,才满意地离开。老师觉得奇

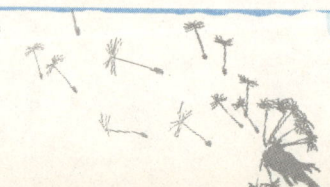

问题4 "快点，把自己的东西收起来"

怪，返回一看，原来因为无意中的移动，有几张床的位置有所偏离，那一排床都没有和地板砖的缝隙对齐，那孩子觉得有必要把它们"归位"。

事例二：一位小朋友按照幼儿园老师的要求，拿了亚洲地图嵌板准备做游戏时，突然发现地图嵌板上布满了灰尘，他马上"咦"了一声，接着站了起来，拿了抹布，仔细地把灰尘抹掉，然后才心满意足地开始游戏。整个过程始终没有其他人介入，都是孩子自己完成，老师只是在远处观察。

事例三：这一天，家里来了客人，坐在客厅里正说着话，孩子从外面回来了，一进门还没有开始说话就哇地大哭起来，手指着一个阿姨边哭边叫，弄得这个阿姨莫名其妙，也极其尴尬。这时，坐在一旁的奶奶明白了，她说："这是我平时抱孩子坐的位置。"于是，那位阿姨就换了个座位，奶奶抱着孩子坐下来之后，孩子立马安静了。

从这三个事例中，我们可以看出，孩子对空间秩序有强烈的本能。

那为什么对空间秩序感那么渴求的孩子，他们的房间却又那么凌乱呢？这就要涉及秩序敏感期的问题了。在秩序敏感期，孩子对空间秩序感还没有一个完整的认识，他们还不知道整齐的房间就是良好的空间秩序。

空间秩序感并不是从书本上学来的，而是孩子靠身体感觉出来的。专家说："在经过口和手的敏感期后，孩子能自由地使用手开始探索空间。从反复扔东西开始，孩子通过抛洒、移动物体探索空间，通过攀爬感知空间，建构空间概念。"

2岁～4岁是秩序感发展的敏感时期，这个时期如果父母没有很好地指引孩子，孩子的房间就会出现凌乱的现象。可见在孩子成长到2岁～4岁的时候，也就到了父母教育孩子的关键时期，如果教育好了，那么孩子以后也就没有把房间弄得乱七八糟的习惯了。相反，倘若孩子在小时候没有形成良好的秩序感，日后甚至会形成经常丢三落四、做事没头没脑、说话缺乏条理等习惯，让父母心烦意乱。

熟悉的环境、整洁的房间、固定的看护人、有规律的生活，这些都能帮孩子建立安全感。幼儿园和家庭是孩子学习生活的地方，这期间注重孩子秩序感的培养，对孩子的将来甚至是一生都极有帮助。爸爸妈妈不妨抓住时机，帮助孩子建立良好的空间秩序感。父母注意为孩子提供整洁、规则、文明的生活环境，对孩子形成良好的空间秩序感至关重要。

解决：别着急，把训斥换成方法

了解孩子的空间秩序敏感期之后，父母一定会理解孩子的房间凌乱的现象，不再对孩子加以训斥了。是的，面对孩子凌乱的房间，父母别着急，丢掉训斥，寻找科学的方法。

为孩子创造整洁、规则、文明的第一印象

如果孩子感受到的是井然有序的家庭环境，和睦的家庭氛围，整洁规则的周围环境，那么孩子就容易形成追求文明、规则的美好心理。为此，孩子出生以后，父母就要为他留下整洁、规则、文明的第一印象。

实验研究表明，空间环境对孩子具有潜移默化的影响。以下三种家庭环境对孩子们的空间秩序感有何影响呢？哪一种环境更能培养孩子良好的空间秩序感呢？

1. 洁癖型：家里一尘不染，父母认为不干净的物品一律不许出现，禁止孩子随意触碰、移动家中物品。

2. 凌乱型：父母总是随处摆放物品，通常父母和孩子都找不到各自的东西，环境凌乱不堪。

3. 有序型：各种家居物品摆放井然有序，环境整洁，移动过的物品，父母一般都知道放回原处。

毫无疑问，只有"有序型"的家庭环境才能培养孩子良好的空间秩序感。有序型家庭的孩子空间秩序感最强，他们做事有始有终，生活有条不紊。

而凌乱型家庭的孩子空间秩序感很差，玩具随便乱丢，生活比较懒散，以后在学习生活中也不懂得合理安排；洁癖型家庭的孩子，由于父母担心家里被弄乱，而对孩子各方面进行制约，使孩子生活枯燥无味。孩子不仅不能通过自己身体对外界的探索而建立良好的空间秩序感，还会出现一些诸如胆小、不善交际、自卑等心理问题。

因此，要想让孩子有良好的空间秩序感，父母首先就要从自身做起，建立一个有序、整洁的家庭环境。只有生活在这种环境里的孩子，才能养成爱好与维护整洁的好习惯。

比如，衣柜和化妆台物品分类摆放整齐，看完的报纸杂志整齐放回书架上，饭后

问题4 "快点,把自己的东西收起来"

把餐桌收拾干净,下班回家换下的衣服不乱扔,定期全家一起大扫除。

在孩子空间秩序敏感期培养规则意识

父母要在孩子产生秩序感的第一时间以及之后的敏感期内培养他们一系列良好的行为习惯,帮助他们塑造良好的自我形象。例如,每个玩具放在固定的地方,纸屑垃圾放在垃圾箱里……

然而,由于经验不足,孩子可能做得不恰当,父母可示范其中的关键环节,其他环节则启发宝贝自己动脑筋,大胆地尝试,孩子的能力就会渐渐提高。比如在游戏、故事中培养孩子的空间秩序感。

快乐玩游戏:游戏是孩子最快乐的学习方式,在孩子的空间秩序敏感期,让孩子玩一些有助于培养建立空间秩序感的游戏。

父母可以随意地准备几个玩具,如小狗、小熊、小猪布娃娃等,把积木或其他物品分别当作床、椅子和大楼,然后模拟真实生活的情节。开始时,可以对孩子说:"小猪躲猫猫,一躲躲在椅子下。"孩子把小猪放到椅子下面。父母接着说:"小狗打了个哈欠,准备上床睡觉。"孩子又把小狗放到床上……通过这些虚拟游戏使孩子掌握方位概念,建立方位上的空间秩序感。

趣味讲故事:父母给孩子唱儿歌、讲故事是孩子的最爱,在有趣的儿歌、故事里,孩子可以学到关于空间秩序感的知识,能够培养孩子良好的生活习惯,学习建立空间秩序感。

比如,《洗手歌》:"小朋友,来洗手,打开水龙头,冲冲小脏手。小肥皂,搓手心,搓手背,搓搓手指头。用水冲干净,毛巾擦擦手,别忘关上水龙头。"还有例如《鼹鼠的故事》等针对孩子生活习惯的绘本和动画片,都是父母很好的选择。

玩具的点子 让宝宝自主收拾

教孩子收拾玩具能让他做事有规矩

3岁~6岁是孩子习惯养成的重要阶段，但是习惯的作用是相互的。假如孩子从小就能养成自觉收拾玩具的好习惯，他做别的事情也会守规矩；另外，孩子在收拾玩具时，还能培养"爱干净"和"自己的事情自己做"等好习惯，孩子的自信心、独立性、责任感都会随之增长。

但是，家长教孩子收拾玩具时，要防止训练过度，否则，孩子做事就会刻板，尤其是家长要求特别严格的话，孩子长大以后可能会有轻微强迫症。

家长事先做示范事后多表扬

孩子刚开始的时候，肯定不知道怎么收拾，也没有这种意识。所以，家长必须指导孩子，先做示范，可以和孩子一起收拾；每次孩子把玩具收拾好了，家长要及时表扬和鼓励他，比如"今天，你把玩具收拾得很整洁"等，表扬要具体到孩子所做的事，通过不断地强化，能帮他逐渐养成自己收拾玩具的习惯。

偶尔忘收拾，别给孩子贴标签

家长放手让孩子做的同时，可以采取一些小技巧，有助于培养孩子收纳的习惯。但是，有一点提醒妈妈们，别给孩子贴"标签"。比如说，哪天孩子太累，或有了其他兴趣而没有主动收拾玩具，家长千万别批评，不妨问问："你以前都做得非常好，今天怎么没收拾呀？"让孩子自己去发现，他在回忆时会"内疚"的。这时，家长再和孩子一起去做。

奖励

习惯非天性使然，家长榜样作用大

父母要注意，如果一切家务事由家长或他人包办，不但剥夺了孩子独立探索和学习的机会，还会滋生他们的依赖性，逐渐养成懒惰的习性。

天性，确实是影响孩子习惯的因素；但习惯更多靠后天培养，家长如果把家里的东西摆放得井井有条，然后再指导孩子，孩子就会以你为榜样；反之，家长整天乱扔东西，孩子自然也就学会了。

问题

"不许去，在家画画"

疑问：孩子喜欢的事却坚持不下去

"孩子做事一点耐心都没有，虎头蛇尾，不能善始善终坚持到底。比如看书，还没翻几页，就扔到一边，又去玩积木，刚把积木拿出来，又想去弄别的，这样下去可怎么办？"

您的孩子是否这样：做事缺乏计划性，想什么时候做就什么时候做，想什么时候放弃就什么时候放弃；经常事情做到一半就放弃；不知道为什么要坚持和怎样坚持。

小海就是这样一个孩子：兴趣广泛，什么都想玩，但总是这件事没干完，就干别的事去了，结果是一件事也没有干完、干好。

小海这种做事盲目、缺乏目的性和针对性、总是想做什么就做什么、累了就放弃、从不坚持做到底的脾性，妈妈是看在眼里，急在心里。于是，在每次睡觉前，妈妈都让小海将自己的玩具收拾好，再自己洗脸、洗脚，孩子刚开始也还能做得到，可有时候要么困了，要么懒了，就赖在床上不管了。妈妈也没有办法。

和邻居家的孩子相比，小海更是如此了。小牧上个周末来找小海玩，两人就跪在地板上玩搭积木,看谁搭得快。小牧有条不紊地将积木一块一块地往上搭,倒了就重来,积木搭得越来越高。可小海就是没办法坚持,倒了两次之后就打开电视看动画片了。当小牧把自己搭的高高的积木展示给小海看时,小海好像看傻了:"他怎么就能搭起来呢?"

面对孩子做事半途而废、无法坚持到底的习惯,父母如何是好?

心理:好奇可以发展成兴趣

像小海这样的孩子,在面对以后的生活时就会发现:"我原以为我对很多东西都懂,可真正做起来,才知道连皮毛都没摸透。""我爱好很多,可为什么就是无法投入精力呢?"

可见,培养孩子做事坚持到底的秉性具有重要意义,对孩子今后的生活和工作影响很大。拥有良好的坚持性的孩子更容易成长为一个独立自主、有毅力、有恒心、自信、乐观、社会适应能力强的人。那父母如何培养孩子这种性格呢?

首先,父母应当了解孩子坚持性发展的过程。据心理学家分析,不同年龄的孩子,坚持性是不一样的,它随孩子年龄的增长而提高。

3岁之前的孩子做事大多是无意的,而且注意力稳定性较差,对事物的兴趣很容易受无关刺激的干扰而转移,导致孩子做事坚持不了。

3岁～4岁的孩子开始能按照一定的规则做事,能初步控制自己的情绪和行为,但是有时还是会出现"反抗"行为,比如一到冬天就不想起床。

5岁～6岁的孩子能主动地克服困难,坚持把事情做完,比如坚持画完一幅画再去玩玩具,坚持自己穿、脱衣服等;开始具有一定程度的自控能力,能拒绝某些诱惑和干扰;积累了一些"抗挫"经验与能力,逐渐能接受心理暗示,从而提高坚持性的水平。

其次,让孩子的好奇心转化为兴趣。每一个孩子都会有强烈的好奇心。好奇心是指孩子对某种新奇现象产生的兴趣,是孩子认识世界的原动力。

好奇心强的孩子喜欢问为什么,看到一些新鲜的事物总想触摸,这实际上是孩子认识新事物的过程。当孩子呈现出强烈的好奇心时,父母应当和孩子一

问题5 "不许去,在家画画"

起去寻找问题的答案,比如和孩子一起拆卸玩具,陪孩子数星星。如果问题在孩子的努力下得到了圆满解决,其成功的喜悦会很大程度上激发孩子更强的好奇心,从而形成良性循环。就算没有得到答案,其实很多问题也确实难以得到答案,但能使孩子养成良好的思考习惯。

兴趣是孩子急切认识某种事物和从事某项活动的意识倾向,它对于学问的精进、事业的成功,有着十分重要的作用。一般来说,孩子对某事或某物具有强烈的好奇心,正是对该事物产生兴趣。因此从儿童的角度来说,可以利用孩子的好奇心来培养他们的兴趣。

家长的鼓励,可以促进孩子的心理从好奇转化为兴趣。父母应当及时就孩子提出的问题或者新鲜的事物和孩子一起进行讨论。这样既增长了知识,又激发了孩子学习的兴趣。而一旦有了兴趣,孩子的想象力和创造力会让你为之惊叹。另外,应尽可能多带孩子外出感受自然,培养孩子的观察力,维护孩子的好奇心,并为孩子的成长奠定坚实的基础。

一个幼儿园老师,在学校就碰到这样一个孩子,他不喜欢做泥塑,却对橡皮泥产生了好奇。

这个孩子起初还是喜欢做泥塑的,可没一会,注意力就转到了橡皮泥上了。于是他跑到洗手间冲洗橡皮泥,他和老师说:"我想看看橡皮泥里的颜色能不能洗掉,可是怎么洗也洗不掉。"

老师觉得应当支持孩子强烈的好奇心,于是就鼓励孩子回家问父母,和父母一起找出橡皮泥的颜色洗不掉的原因。第2天,那位孩子认真地说:"橡皮泥里面有石蜡和甘油,油的东西是很难洗掉的。"

一次不守常规的行为,却成为探究知识的行动。孩子总喜欢探索自己感兴趣的东西,喜欢追问,而且经常摆弄、拆卸玩具;在孩子眼里,周围形形色色的事物都是新奇、有趣的,是值得玩味和探究的。父母要珍惜和启发孩子这种好奇心,因为它可能能培养孩子对科学创造、发现的兴趣。

可见,鼓励孩子思考,和孩子一起提问解决,集中讨论,是引导孩子将好奇心转化为兴趣的好办法。只有儿童积极地去感知世界,才能防止儿童眼中好奇的火花熄灭。

解决：时间限制将兴趣延长

孩子起初对学画画非常感兴趣，可后来就学不下去了，每天1个小时都坚持不了，为什么会这样呢？面对孩子这种无法保持兴趣的情况，父母应该如何教育和引导呢？

其实，对于孩子的这种现象，有些父母太过于心急了，以至于认为孩子无法长时间专注某一件事情的现象是孩子容易放弃的表现。而实际上，儿童之所以不能坚持到底，做事半途而废，很容易被另一件新鲜事情吸引，是因为孩子专注于某件事情的时间大多是比较短的，是孩子的坚持度的问题。

坚持度指的是孩子面对困难的持续力，和孩子的年龄关系很大，与性格上的固执并不相同，固执的孩子并不一定能够勇于解决问题，坚持到底。

高坚持度的孩子在面对挑战或困难时，多半能够坚持下去，会努力找出解决的办法，做事通常要做到满意才罢手。而低坚持度的孩子，比较难以专注于一件事，很容易产生"我做不到"的想法。

孩子对做一件事或某一物的关注度，都有一定的时间性，过了一定的时限，其兴趣自然就降低，甚至消失，成人和孩子的区别就在于保持兴趣的时间长短的不同。

孩子2岁时，在某件事情上的专注力是很差的，时间最长也就5分钟；孩子4岁的时候，专注力时间能延长到10分钟左右；5岁～6岁的孩子，其专注力要好些，时间能达到20分钟以上。

假如成人对某一事情（物）并没有浓厚的兴趣，却坚持在做，可能是因为有其他为难之处或苦衷，多半是有不得不为之的原因。孩子不同，除了好奇就是兴趣，而兴趣却会不时地改变。因此，孩子对某一事情（物）的关注度经常发生转移，没有耐心，坚持不久，是很正常的，父母不需要过分担心。

然而，遇上困难或需要长时间专注力的事情，很容易想放弃，可能会滋生做事难以有始有终的缺点。遇到小小的挫折就放弃，面临小小的挑战就退缩，孩子就很难从成就感中获得满足与学习、进步的动机。

因此，作为父母，要对孩子的耐心和毅力的培养和教育给予关注。那父母应该如何培养孩子的兴趣呢？

问题5 "不许去,在家画画"

孩子做事情遇到困难就容易退缩,没有毅力和耐心,不能坚持长久,是很多家长遇到的普遍性的烦恼。如何解决这个问题,让孩子的兴趣延长,还是要从孩子能够持续专注于某件事情的时间长短入手。

这就需要父母限制孩子专注于某件感兴趣的事情的时间,用这种"以退为进"的方法来延长孩子的兴趣。

比如,很多父母都会让孩子学习钢琴,对于初学钢琴的儿童(3岁~6岁之间),父母应当注意采用"少时多次"的方法。"少时"就是指老师上课的时间不要过长,一般来说30分钟左右最好。因为,这一年龄段的孩子的专注时间没有那么长,时间过于长的教学只会使儿童产生厌恶感。"多次"就是指老师在教学中要反复地重复上课所讲的内容,加深印象。

一位妈妈对于用限制孩子投入时间来延长兴趣的方法,就深有体会,她说:"我的孩子做事就是无法专注,总是3分钟热度,当时我还查资料看看孩子是不是有什么问题。不过以后就好些了,坚持度慢慢高了,关键是父母要坚持不懈,在孩子安静的时候抽空给他讲三五分钟的故事,时间不宜过长,读物要适合孩子的年龄和心理特征。比如,我给孩子的读物就是迪斯尼的经典童话故事,画面生动精美,孩子不仅爱看,还要求我一遍一遍地讲。对于我来说,总讲一个故事其实挺烦的,但是为了培养孩子对书籍的兴趣,必须耐住性子一遍一遍讲下去,比如说《绿野仙踪》,我大概讲了不下五六十遍了吧。我的体会是,孩子对于书的兴趣是需要从小培养的,这对孩子以后上学,养成热爱学习、长时间专注于学习有很大的帮助。"

此外,父母应当以身作则,让孩子看到一个做事有始有终、专注力强的榜样;要尊重孩子的兴趣,不要过多地限制孩子的好奇心和兴趣。只要孩子能够保持兴趣的稳定性,就算每一天学习的时间很短,成效也会很明显。

了解孩子、尊重孩子、激励孩子、诱导孩子是成功的教育方法。强迫责令，以成人为中心，往往使孩子被动，收不到好效果。命令的方式应慎用，绝对不能滥用。那么应当怎样使用"命令"的方法呢？

怎样对孩子说"不准"

1. 不多用、不滥用"命令"，一旦运用便要求孩子认真执行，鼓励肯定孩子执行命令的优点。如果孩子突然命令爸爸不要在电视机前抽烟，而应到厨房去抽烟，家长也要高兴地听从，做出示范。

2. "命令"要下在孩子有可能接受、有时间准备、又能尝试成功的点子上。"小明，我明天带你去姥姥家，你要把自己带给姥姥的东西、要给姥姥讲的话全都在今天晚上准备好……"孩子会乐意去执行，而且会完成得很好。

3. 命令执行不好的时候，要帮助孩子检查原因，改正错误，并鼓励孩子下次完成好。

4. 成人可以有意识地把自己在单位执行命令的情况，编成小故事，讲给孩子听，启发孩子学习和模仿。

5. 不同的孩子有其共同的身心特点，也有千种万种的差异，应根据自己孩子的特点，采取不同的方式来教育好自己的孩子，这样有的放矢、持之以恒，一定会取得良好的教育效果。

问题 6

"今天'法外开恩',多玩半小时吧"

疑问:法外开恩,孩子当时挺开心

在培养孩子良好习惯的过程中,很多父母都会因为孩子一时的良好表现而给予他们一定奖励:法外开恩。本来已经快要养成不吃糖的习惯了,父母却因为孩子的听话表现,特地买了些糖给孩子;本来已经能自己收拾房间了,父母却由于孩子的不俗表现,一而再再而三地为孩子收拾房间……而孩子当时肯定是很高兴的。

"孩子最近很懂事,表现非常好,为了奖励他,我给他买了一些糖果,他抱着我的脸,拼命地亲着,非常兴奋。"

"我一直让孩子自己打洗脸水,自己洗脸、洗脚。那一天,我看孩子这段时间表现良好,于是我就特意为他端了洗脸水,还帮他洗脸、洗脚,他很开心地看着我微笑。"

"我的孩子今天晚上特别乖,一吃完饭就开始忙着写幼儿园老师布置的作业,看着孩子这股认真劲儿,我就让孩子休息一下,多玩半小时吧。"

父母对孩子的这种"法外开恩",确实换来了孩子一时的开心,但这种"奖励"能否让孩子保持之前的良好习惯呢？或者说，父母的这种做法对孩子会有什么影响呢？

面对孩子做事半途而废、无法坚持到底的习惯，父母如何是好？

心理：习惯养成21天法

其实，培养孩子的良好习惯，要注意时间的长短，任何超出孩子良好习惯形成的既定时间的做法都是不恰当的。

心理学家认为，孩子习惯的形成，可以分为三个阶段：

第1天至第7天是第一阶段。这一阶段，孩子需要十分刻意地提醒自己努力改变，但会觉得很不自然，也不舒服。孩子面对父母要他们养成的良好习惯是"刻意的"、"不自然的"，这是这个阶段的特征。

第7天至第21天是第二阶段。如果孩子没有放弃第一阶段的努力，不断重复，就会跨入第二阶段。在第二阶段，孩子会觉得比较自然，也比较舒服。然而，如果不坚持的话，一不留神，孩子还是会"一如既往"地回到从前，因此需要孩子或者父母时不时地提醒。"刻意地"、"自然地"是这个阶段孩子面对良好习惯的特征。

第21天至第90天是第三阶段。经过第二阶段重要的磨合期，孩子就能进入第三阶段。这个阶段孩子的心理特征是"不经意地"、"自然地"，说明了孩子已经养成了这种良好习惯。因此，心理学家把这一阶段称作"习惯的稳定期"，一旦跨入此阶段，孩子就已经完成了自我改造，这种良好的习惯就能成为孩子生命中的一个有机组成部分。

不管是好习惯还是坏习惯，都具有这样的规律，都是在不断的重复中慢慢形成的。

心理学家研究指出："一项看似简单的行为或者良好习惯，如果孩子能坚持重复21天以上，就会形成习惯；如果坚持重复90天以上，就会形成稳定习惯；如果能坚持重复365天以上，孩子自己想改变都很困难。同样地，孩子的一个

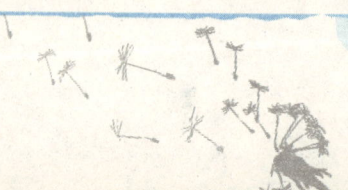

问题6 "今天'法外开恩',多玩半小时吧"

想法,只要重复21天或者重复验证21次,就会变成习惯性的想法。"

"孩子养成一个好习惯,只需要21天,可要他改掉一个坏习惯,42天都远不够。"

从心理专家的话中,我们可以知道,任何一种行为只要不断重复,达到21天,就会成为一种习惯;任何一种思想只要不断地重复,同样达到21天,也会成为一种习惯,进而影响潜意识,在不知不觉中改变孩子的行为。

这样看来,改掉不良习惯,养成好习惯,也就没有父母想象的那么难了,关键在于21天中,孩子能否坚持。那父母应当如何针对孩子的各种习惯制定21天的习惯养成法呢?

1. 坚持某个习惯21天,这是最重要的。以下的都是为了这个重点服务,为了能够坚持21天,确实需要努力、毅力和鼓励。

2. 父母要让孩子清楚地了解良好习惯带来的好处,这样能给孩子带来一定的动力。

3. 教会孩子把它当作一个试验。把习惯培养当作一次尝试,而非一个心理斗争,有助于孩子随时调整和正确对待结果。

4. 避免让孩子再次染上坏习惯。比如让孩子远离那些可能再次触发旧习惯的地方、行为等等。

5. 用更好的东西替代孩子失去的东西。比如告诉孩子养成了不吃糖的习惯,就不会有蛀牙。

6. 让孩子把计划写在纸上,并告诉他的朋友,给自己一种压力。

7. 良好习惯的养成不宜过多。建立习惯的要求只需要几条就可以了,保持简单,从而更容易坚持。

8. 父母不要追求完美,让孩子一步一步地做起,不要指望一次就全部改变。

良好习惯的养成,就是不断地、坚持地重复,如果您想培养小孩饭前洗手的意识,你只需"盯"他21天,在这21天里,坚决要求他饭前洗手,他便会养成习惯。

3岁~6岁是孩子早期行为习惯的培养阶段。一个习惯的养成需要21天的时间,在这21天中,父母花点心思,盯紧孩子,孩子就可能养成一个受益终生的良好习惯。

解决："恩典"可以有，别太多

在孩子养成良好习惯的过程中，或者养成良好习惯之后，父母经常会做出一些让孩子开心的事情，美其名曰"恩典"。其实，"恩典"可以有，但是别太多，同时要注意分清不同的事情，有些是不能有例外的。

父母可能听过"前后一致，没有例外"这样的说法，这种说法认为，在习惯养成的过程中，一个重要的原则就是从始至终都要保持一致，不要有例外。父母往往给孩子制定出了某些习惯要求以后，当孩子以哭闹来"威胁"父母或者父母心情好的时候，或者有一段时间孩子表现良好，父母就容易对孩子的行为给予例外。

这种"例外性"的"恩典"，要分清两种情况。如果父母的"恩典"和孩子正在培养的良好习惯背道而驰时，是不能有的，就是"没有例外"；如果父母的"恩典"带有鼓励性质，可以适当有。

小云已经快6岁了，由于平时特别喜欢吃糖，已经长了好几颗蛀牙。父母不得不做出一个决定，让孩子养成不吃糖的习惯。经过一段时间之后，小云似乎已经不再吃糖了。

有一次，小云父母约了朋友见面，那种场合是不能带孩子的。可小云非要一起去，怎么劝说都无法让小云和保姆一起呆在家里。当父母转身要走的时候，小云急了，开始大哭大闹，甚至在地上打滚。

小云父母实在没有办法了，突然想起小云最喜欢吃糖了，说不定有了糖果就不会吵着一起去了。于是，他们就找来了一包糖给小云，条件是不能跟着。这招确实管用，小云马上从地上跳了起来，满脸笑容地接过糖果，还和爸爸妈妈保证好好在家里呆着。

事情终究解决了，可实际上小云父母的举动打破了小云好不容易建立起来的不贪嗜糖果的好习惯，也无意中鼓励了小云以哭闹来达到目的的行为。假如下一次小云想吃糖果的话，她一定会想到用哭闹可以达到目的。

问题6 "今天'法外开恩',多玩半小时吧"

现实中,有很多这样的父母,苦口婆心地教育孩子不要乱买东西,不要吃零食,但如果孩子不小心摔了一跤而大哭时,妈妈可能会说:"别哭了,宝贝,妈妈给你买好吃的!"如果孩子拿着水枪到处乱射,妈妈会说:"别乱泼水,要是你听话,我给你买巧克力。"不可否认这种方法很奏效,孩子马上不哭不闹了。但是,事实上,父母的这种"恩典"削弱了之前对孩子的严格要求,也给了孩子一种错觉:在父母制定的严格培养习惯的规则中是可以有"恩典"的。给孩子良好习惯的养成设置了阻碍。这样,刚刚开始培养的好习惯很容易丢掉。

父母应该做的是,在孩子培养良好习惯的过程中,当父母的"恩典"和这种习惯相悖时,不可以对孩子的错误行为姑息迁就,否则,言行不一致的父母无法在孩子面前建立威信,孩子也无法养成好的习惯。

不仅如此,即使某些习惯已经养成了,父母也要特别注意,不要轻易允诺孩子做改变习惯的事情。一旦有了例外,已经养成的好习惯也有可能丢掉,而不良习惯反而容易迅速形成。

因此,类似这种的情况,父母是不能给"恩典"的。父母们应该记住:不但在习惯未养成之时不应有例外,就是在习惯养成之后,也不应发生与习惯相冲突的事情。在培养习惯时,前后要求必须一致,不要因为自己的心情很好或者很糟,就对孩子有了例外。除非父母的这种"恩典"不会阻碍孩子的习惯养成。

亮亮这段时间在幼儿园的表现非常好,不仅各种活动表现突出,和小伙伴也相处融洽,还得到老师的表扬。

这一天,亮亮特别高兴,回到家就抱着妈妈的腿说:"妈妈,老师表扬我了。"晚上吃晚饭的时候,亮亮也不看电视节目了,居然拿起课本认真地读起来,平常都要妈妈提醒的孩子,现在竟然这么自觉,这让妈妈非常感动,于是对亮亮说:"今天亮亮表现好,玩半个小时吧。"

不过,虽然适当的"恩典"可以有,以此来鼓励孩子,激励孩子进一步做出努力,进一步坚持下去。但是这种"恩典"也不能过多,不然会破坏孩子已经快要养成的良好的习惯。

场景： 早上起床，浩浩正准备穿衣服，李女士过来不由分说，匆匆帮他穿好，他坚持要解开，重新自己来穿。可李女士怕耽误时间而不肯，浩浩竟发起了脾气。

规则不能变来变去，否则孩子易迷糊

"两三岁的孩子有了独立的愿望，特别是在行为上要求独立，他们喜欢自己动手做事，也常用'不'来表示自己的独立性。"如果被家长或自己有限的能力所阻碍，他们不仅会产生愤怒情绪而发脾气，还会挫伤刚刚萌发的积极性。

为尽量避免上述情况发生，一方面，家长不要过多限制孩子的行为，不要给孩子提出过多规定、要求，以维护孩子逐渐发展着的独立意识。

另一方面，如果孩子因为能力所限、做不好事而发脾气了，家长要多鼓励、引导，必要时为其做示范，然后让他独自再做一次，并及时予以肯定和奖励。

问题

"妈妈,你别看"

疑问:孩子,你为什么把妈妈拒之门外

"妈妈,你别进来,我在换衣服呢,等会再进来。"孩子说完,关上了门。

"妈妈,你别看,这是秘密。"孩子边说边把自己的小盒子合上。

当妈妈想和孩子一起玩耍时,孩子说:"妈妈,你别管我们,让我们自己玩吧。"

当妈妈拉起孩子的手时,孩子说:"妈妈,不要拉我的手,我可以走好的。"

……

随着孩子渐渐长大,很多父母都会有这种感觉:好像孩子不再属于自己了,总是和自己保持距离,把我们拒之门外。

"当孩子在换衣服时,我担心他穿反了,或者不整齐,就看着他换。可孩子就是不答应,非把我赶出房间,还把门反锁了。"

"那天,幼儿园的两个小朋友来家里玩,进来之后就都跑到儿子的房间里了。中午的时候,我拿了几个水果想给他们解解渴,但儿子就是不开门,说屋里已经有水了。"

"孩子怎么和我的距离越来越远了,很多事都不想让我知道,不想让我看到,这是为什么?"

是啊,孩子为什么老是把妈妈拒之门外呢?

心理:是孩子长太快,还是更年期提前

很多妈妈确实不明白,到底是孩子成长得太快了,还是自己的更年期提前了,为什么孩子一直拒妈妈于门外?

其实,这既不是孩子长得太快,也不是妈妈的更年期提前,而是孩子隐私意识作祟。当孩子长到三四岁时,就开始萌发保护自己隐私的意识。尊重和保护孩子的隐私,其实就是尊重孩子的人格,保护孩子的自尊。

在美国,很多父母从小就教孩子们要保护自己的隐私,于是孩子很小的时候就有隐私意识。一位妈妈回忆说:"大约3岁的时候,我的女儿开始意识到男女有别,她去卫生间总是会关门。尽管小的时候爸爸给她换过很多尿片,也洗过很多次澡,但她好像是忽然间就有了隐私意识,换衣服还会叫她爸爸回避。不仅在家里,在学校里她也很在意,比如当别的小朋友穿着裙子上体育课时,她总是提醒她们,今天有体育课,你做运动的时候男生会看见你的内裤,于是那些小朋友就会再穿一条紧身裤或者运动短裤。"

孩子的隐私意识是多方面的,主要表现在以下几个方面:

生理缺陷隐私意识

当孩子有诸如太胖、过瘦或者结巴等生理缺陷时,虽然孩子的朋友们都能看见这些,但是孩子还是不愿意被提及,尤其是一些故意带有调侃和讽刺的语气的话语,孩子更是难以接受。

妈妈去幼儿园接儿子时,老师告诉她,孩子中午睡觉时尿床了。妈妈一听,生气地对孩子大声说:"昨晚尿床,今天又尿床。都这么大了,还老尿床!你怎么回事?"其他的小朋友听到后都笑了,还对他做鬼脸,孩子"哇"的一声大哭起来。

问题7 "妈妈,你别看"

性格缺陷隐私意识

当孩子的性格比较孤僻、羞怯时,他们内心就比较脆弱和敏感。假如父母在他人面前数落孩子,或者一味地指责,就很容易伤害到孩子脆弱的自尊心。

小林是个腼腆的孩子。为了让孩子开朗大方些,妈妈经常找机会要求他在众人面前表现自己,可小林总不配合。妈妈有时候就忍不住埋怨:"你这孩子,怎么这么没用啊!"从此之后,小林无论做什么事都会想到妈妈这句话,也因此变得越来越腼腆。

挫败经历隐私意识

孩子总有一些难以启齿、不想让别人知晓的挫折经历,这些不愉快的经历对于孩子来说,印象非常深刻,一旦被人提及,就难以释怀。父母要想让这些挫折经历变成孩子的经验,就应当和孩子一起隐藏这些隐私。

"虫虫听说小表姐要来玩,高兴得不得了,但只过了一会儿,脸上就开始晴转阴。妈妈看到后心领意会地轻声对她说:'放心,妈妈不会说的。'虫虫又开心地笑了。原来,虫虫在幼儿园的晚会上跳舞时不小心出了丑,她担心妈妈把这事说出去。"

私人物品隐私意识

孩子总会有一些不想让别人乃至父母看到的物品,如果家长不经孩子同意,随便翻他的抽屉,或者把他的玩具送人,孩子会很不高兴,甚至强烈抗议。

过年时,洋洋收到很多压岁钱。"妈妈,我有钱了。"孩子高兴地炫耀,并把钱叠得整整齐齐,放在自己的小抽屉里。有一天,妈妈急着用钱,于是就把洋洋抽屉里的钱取了出来……

秘密隐私意识

很多孩子会和幼儿园或者邻居的小伙伴共同完成某事,然后相约不告诉任何人。

楠楠今天拿了个纸盒子回家,一见到妈妈,就赶紧藏到背后。妈妈当然很

怀疑，也很担心，于是要楠楠打开盒子，看看是什么东西。在妈妈的严格要求下，楠楠哭了，但妈妈还是打开了盒子，一看是一只蟋蟀。楠楠这时擦了擦泪水说："这是同学的，他还说不让别人知道。"

可见，孩子把妈妈拒之门外，是孩子隐私意识的结果。为了不使孩子产生心理障碍，父母应当培养孩子正确的隐私意识。

首先，父母要告诉孩子哪些事不应该让别人知道。对于孩子来说，他们总是认为整个世界是以他们为中心的，加上他们认为自己乃至自己父母具有的，别人也一样具备。于是，孩子往往会在不知不觉中将自己或者父母的隐私透露给别人。

阳阳今年4岁，在和邻居的小伙伴玩耍时，无意中说出他的爸爸妈妈经常吵架，没过几天一下子成为邻居们议论的对象。

孩子之所以会透露自己的隐私，是因为他们不知道这些信息不应当让别人知晓。所以，父母应当多和孩子交流，将隐私具体化，让孩子知道哪一些隐私是不能告诉别人的，哪些是只能和爸爸说的。

其次，营造良好的保护孩子隐私的氛围。良好习惯和品格的形成是多种因素共同作用的结果，孩子隐私意识的形成同样如此。家长们自己首先应当具备良好的隐私意识，才会教出一个具有良好隐私意识的孩子。

家长们平时应当积极为孩子创设属于他们个人的空间。比如，与孩子分床睡，为稍大一些的孩子设立单人房间，允许孩子保留个人秘密等。另外，对孩子隐私意识的培养，社会的作用也是不可忽视的。比如一些地方已经出现了在成人试衣间旁单独为儿童设置试衣间的商场。

最后，孩子是法律意义上的无民事行为能力人，必须在家长的监护下健康成长。当孩子的隐私与家长对他们的抚育相冲突时，从大的利益来看，家长应当有权知晓。

在对孩子进行隐私意识教育的过程中，父母要防止孩子无原则地将一切都当作自己的隐私，从而保证家长对孩子尽到最大限度的监护职责。

隐私意识的内容理应包括对他人隐私的尊重。但是对孩子来说，一切都是新奇的，他们的眼睛充满探索的欲望，在不断的探索中，他们逐渐成长了起来，因此很难把握哪些是该讲的哪些是不该讲的。因此，在对孩子隐私意识的培养过程中，除了正常的教育外，切不可因为过于强调对他人隐私的尊重而扼杀了

孩子探索世界的积极性，这一点是父母们必须要注意的。

解决：带孩子走入大人的生活圈

知道了孩子心中的秘密之后，父母应当可以理解孩子为什么把我们拒之门外了。为了拉近和孩子之间的距离，父母应当让孩子走入大人们的生活圈，让孩子的心灵更加开阔。

丫丫5岁的时候，丫丫妈妈就注意到她已经有了很强的隐私意识，常常把家长拒之门外，好像不敢和父母接触，也不信任父母似的。于是，丫丫妈妈就开始绞尽脑汁，想要拉近自己和孩子的距离。

接着，丫丫妈妈试着把孩子带入自己的生活圈，让她参与自己的生活、休闲和娱乐，使孩子了解妈妈的喜、怒、哀、乐，让孩子和妈妈一起开心、悲伤，一起劳作、娱乐……

这样做了以后，效果明显，丫丫妈妈发现孩子和自己的距离变近了。

为了让孩子能够自愿地和父母交流，拉近和孩子之间的距离，父母还应当从以下几个方面入手，尊重孩子的隐私。

培养孩子对父母的信任感。隐私总是相对的，对不信任的人是隐私，对信任的人可能就不是隐私了。所以，父母要尽可能通过关怀、尊重等方式争取赢得孩子的信任，才能拉近和孩子的距离。

培养孩子与父母平等交流的习惯。研究显示，那些和父母平等相处的孩子，比较容易和大人们沟通。因此，父母要花时间陪孩子，并建立平等、融洽的亲子关系。

不要介意孩子的生理、心理缺陷。对孩子的缺点，父母要积极鼓励、耐心安慰，让孩子树立正确对待这些缺陷的良好意识。

为孩子保守秘密。很多孩子会让父母帮他们保守秘密，父母一旦承诺，就要严格遵守。

现在,随着"朋友式"家庭的出现,大人从心底希望自己能够成为孩子的知心朋友。然而很多父母却发现,孩子仍然有他们自己的"小秘密"。

孩子需要"一个人"的空间

就像5岁的毛毛一样,大人再怎么关爱他,他仍然保留了一块"自留地",只供自己享受。不管大人怎么去套近乎,他都会与大人保持一点距离。

这样的"独处"其实非常正常,因为"独处"绝不是大人的专利,小孩子也一样需要享受"一个人"的时空。

而且,从情感发展的角度而言,随着孩子年龄的增长,情感会越来越丰富,"孤独感"就是孩子5岁左右表现比较突出的一种情感。

问题 8

"孩子,为何不信任我"

疑问:孩子,为何事事都防着父母

生活中,孩子在做很多事情的时候总是会或多或少地把父母排除在外,为此,很多父母会感觉到孩子不信任自己,事事都防着自己。

"我的儿子只有6岁,但做什么事情都防着我们,好像做父母的我们会把他怎么样似的。"

"我的女儿一样只有6岁,也一样不信任我们,难道我们不是她最亲近的人吗?"

黄先生的儿子南南今年5岁,前两天参加了幼儿园的一份关于"发生什么事情会告诉父母"的问卷调查,黄先生对孩子的教育问题非常关注,收到老师的调查结果邮件时,就很认真地阅读了。问卷中,仅有5.6%的孩子表示,有了关系要好的异性同学会选择告诉父亲;有6.9%的孩子遇到不顺心的事,首先也会想到向父亲倾诉,远远排在朋友、同学之后。这个调查结果让黄先生眉头紧皱,甚至感到些许悲哀:在家庭中扮演重要角色的父亲,在孩子眼中却成了不值得信任的人。

孩子到底为什么这么不相信父母呢?

心理：信任是双方的

"父母都不信任我，我怎么会信任他们呢？"

"爸爸妈妈说话总变卦，明明答应我的事情，最后都没做到。让我怎么能再相信他们啊！"

……

孩子的心里话道出了父母的疑问。的确，信任是相互的，要想获得孩子的信任，父母首先要信任孩子。而事实上，父母的信任是孩子非常渴求的。

一份中国青少年研究中心所做的"中国青少年学习和生活现状与期望"调查显示，孩子最喜欢父母的10种做法中，排在前三位的是：信任我（63.5％）、说话算数（49.2％）以及让我平等参与家庭生活（31.7％）。

和这种期望形成鲜明对比的是另一份题为"我国独生子女调查"的报告，报告显示，现实中孩子认为"妈妈爱我"的占89.3％，"爸爸爱我"的占81.9％；认为"妈妈相信我"的降为54.2％，"爸爸相信我"的为54.8％；认为"妈妈理解我"的进一步降至48.2％，"爸爸理解我"的为36.6％。

由此可见，虽然孩子非常希望能得到父母的信任，但实际上很多父母不信任孩子，或者具有不信任孩子的态度和行为。

那为什么孩子会不信任自己的父母呢？

"父母对我要求非常严格，做什么事情都要经过他们允许，后来我做事就不想告诉他们了。"

"妈妈经常答应给我买玩具，可却总是没办到，我再也不会相信妈妈啦。"

孩子之所以不信任父母亲，一个重要的原因就是父母的言行举止让孩子感觉到父母不讲诚信。父母这种让孩子感觉到不讲诚信的言行举止主要包括以下两个方面：

第一，父母亲在日常行为中常常不知不觉地甚至习以为常地表现出诚信的

问题 8 "孩子,为何不信任我"

丧失,比如常常表现出言行不一甚至表里不一、虚伪做作等等。虽然很多父母并不是有意为之,只是迫于现实的各种压力,但是孩子是不可能理解父母的这些难处的,在长期的潜移默化中,他们认定自己的父母就是不讲诚信的人。

第二,自孩子懂事起,他便觉得,一直以来,父母亲向他承诺的许多愿景并没有给他带来实际的或者是他认为的快乐与幸福。

比如父母会让孩子学钢琴、周末放假了要上补习班,甚至告诉孩子,如果不好好学习,将来就不能考上重点大学,也许以后就是打工的命了……然而这一切并不是孩子想要的,他们所向往的只是与他们的年龄段相适应的幸福与快乐。因此,孩子们就渐渐地开始怀疑父母、不信任父母并拒绝父母。

美国著名的心理学家罗森塔尔曾做过被称作"暗含期待效应"的一个试验,试验是这样的:

他把若干小白鼠随机地分成两组:A 组和 B 组,并且告诉 A 组的饲养员说,这一组的老鼠非常聪明;同时又告诉 B 组的饲养员说,这一组老鼠的智力普通。数月后,教授对这两组的老鼠进行穿越迷宫的测试,发现 A 组的老鼠确实比 B 组的老鼠聪明——它们能够先走出迷宫并找到食物。

接着,罗森塔尔教授得到了启发,他想把这种效应应用在人的身上。于是,他来到了一所普通中学,在一个班里随便地走了一圈,然后就在学生名单上圈了几个名字,告诉他们的老师说,这几个学生智商很高,很聪明。过了一段时间,罗森塔尔教授又来到这所中学,奇迹又发生了,那几个被他选出的学生现在真的成为班上的佼佼者。

为什么会出现这种现象呢?正是暗示和信任发挥了神奇的作用。

其实,在生活中很多人都会接受这样或那样的心理暗示,这些暗示有的是积极的,有的是消极的。如果父母长期给予孩子消极和不良的心理暗示,就会使孩子的情绪受到影响,严重的甚至会影响其心理健康。相反,如果父母对孩子寄予厚望、积极肯定,通过期待的眼神、赞许的笑容、激励的语言来滋润孩子的心田,使孩子信任父母,孩子会更加自尊、自爱、自信、自强。

所以,信任既是孩子需要的,也是影响孩子未来的重要因素,同时在父子或母子间建立一种无法摧毁的信任基石也是非常重要的。作为父母应该先从自已做起,应当怎样表现出对孩子的信任呢?

解决:从小事中表现对孩子的信任

父母要取得孩子的信任,其实并不是难事,关键在于父母要在日常生活中的一些事情中表现出对孩子的信任。

很多父母经常对孩子说:"妈妈相信你。"可是,没过几天,却又质问孩子:"昨天你到哪里去了?""幼儿园老师布置的作业完成了吗?"这种嘴上说"相信",心里却持着"怀疑"的态度,是孩子无法接受的。

其实,"信任"是发自内心的诚意,而非口头上承认就算数的。假如父母充分信任孩子,孩子也必然会自尊自重。

然而,父母总是认为孩子只有四五岁,那么小很难照顾好自己,于是难免左右孩子的一举一动,在不知不觉中命令孩子。当孩子天天听到父母命令式的告诫或者指挥时,他们就会产生"我不被信赖"的心理。

所以,父母必须改掉命令孩子的习惯,多用商量式的语气和孩子说话,比如"帮帮我"、"教教我"或"这次你比较厉害"等,让孩子觉得他被重视,从而乐意帮忙做家务事,跑跑腿。

另外,原本父母可以独立完成的工作,也可以对孩子说:"你能不能帮妈妈的忙?"像这样问他,孩子即使正在玩,也会腾出手来帮忙。而只要孩子帮忙,哪怕孩子越帮越忙,父母也应当向他道谢:"谢谢,你真能干!"这么一来,孩子心里会想:"我只不过是帮了一点忙而已,可是妈妈却向我道谢。"这种想法会使孩子产生很大的喜悦感。

倘若孩子一做错事,父母就说:"你不会做得更好吗?"这种做法会适得其反。孩子做错的地方,过后父母只能自己再修正过来,这是教育孩子的心理准备。

熊熊今年6岁,在家里非常受宠,父母从来不让他做什么事情,更不用说独行了。熊熊父母担心孩子独自过马路时被车刮着,担心孩子遇到突发事件无法自行处理。熊熊有好几次在过马路的时候都想自己走,但就是无法实现。熊熊父母的这种想法当然包含了担心孩子受苦受累受危险,但更重要的是无法相信

问题 8 "孩子,为何不信任我"

孩子能够胜任。

有一次,孩子想自己一个人到公园玩,父母还是不答应,说等吃完饭妈妈陪着一起去。熊熊泪眼婆娑地和妈妈说:"妈妈,你是不是不信任我啊?我可以安全回家的,你就给我一次机会吧!"面对孩子近似祈求的神情,妈妈决定给孩子以信任。两个小时后,孩子高高兴兴地从公园回来了,一种自豪的表情挂在脸上。

从这以后,熊熊能自己处理的问题,父母就放手让他去做,有时还把一些重要的事情交给他办,熊熊完成得都还不错。孩子感觉到了父母对他的信任,变得懂事多了。

可见,"我相信你"或"我信任你"这些话,根本不用说出口,而是要付出行动。

父母要做孩子的朋友,首先要对孩子严格要求,善于从日常生活中发现问题,随时给孩子引导和指引,其次要把孩子作为平等的伙伴,与孩子一起学习一起玩,尊重孩子的一切,最后要给孩子确实到位的帮助,让孩子心里踏实,心理安全,健康成长。

有些孩子屡遭挫折,心里很压抑,心情十分烦躁,但任何孩子都希望自己是最棒的,他们希望父母说几句鼓励的话,以减轻心里的负担。如果父母不仅不理解孩子此时的心情,而且还在孩子身边不停地唠叨,孩子就会对父母产生反感,进而伤害孩子的自尊心,导致孩子自卑、怯懦、缺乏进取的勇气,甚至厌学。

相反,如果父母对孩子的信任足够,即使孩子遇到了困难,他们也能够积极发挥主观能动性,有效地进行自我调整,把困难转化为促进自己努力进取的动力,充满自信。

总之,孩子们不仅需要在生活上能照顾自己的父母,也需要有一定的生活经验、愿意倾听、能够给予自己忠告和帮助的"忘年交",父母应该同孩子们建立起相互信任、相互平等、相互尊重的朋友关系,让父母成为孩子们心中最信赖的好朋友。

孩子的自信 源自父母的**信任**与**支持**

参加家长会时，有位家长听到老师反映自己的孩子有多动症。

这让她顿感五雷轰顶，但又怕伤害孩子，于是告诉儿子："老师表扬你了，因为全班只有宝宝进步了。"

那天晚上，她儿子破天荒地吃了两碗米饭，并且没让她喂。

儿子上小学后。家长会上，老师又向这位家长反映，孩子可能有智力问题，但这位家长却仍然把真相掩盖，"欺骗"儿子说："老师对你充满信心。只要能细心些，你就能考得更好。这次你的同桌排在21名。"

说这话时，她发现，儿子沮丧的脸一下子舒展开来。还发现儿子开始在很多方面表现得越来越积极。

孩子上了初中，又一次家长会。这一次，老师仍然反映孩子的不足，老师告诉家长说："按你儿子现在的成绩，考重点高中有点悬。"

路上，这位家长再次用欺骗的方式鼓励儿子："班主任对你非常满意，说你很有希望考上重点高中。"

问题 9

"孩子,你到底听到没有"

疑问:劝告,总被当成耳边风

一些孩子总是把父母的话当成耳边风,让很多父母干瞪眼着急,却又束手无策。

当妈妈让小田把房间收拾整齐时,小田充耳不闻,依然懒懒地躺在沙发上,睁大眼睛看着他心爱的动画片。

爸爸好心好意地让孩子吃完早餐再到幼儿园,可孩子就是不想吃,还说家里的早餐特难吃。

父母苦口婆心地劝说孩子赶紧洗完脚睡觉,可孩子却依然我行我素地坐在电脑前玩游戏。

"孩子,你到底听到没有?"当孩子把父母的话当成耳边风时,父母就气不打一处来。

父母给丽丽房间装了部电话。但从装机那天起,妈妈就意识到自己犯了个错误,因为丽丽在房间时几乎都在打电话,有时甚至是在深夜。父母不断地说:"不能总打电话","真不该给你装电话","你再这样打我就把电话拆了"。丽丽开始几日照办,后来干脆充耳不闻。

是什么原因让孩子无视父母的劝告呢？

心理：沟通方式，让孩子无法接受

在孩子看来，不是父母的劝告的内容严格，无法做到，关键是父母和他们沟通、交流、劝告的方式方法无法让孩子接受。

有人总结了几句让孩子当耳边风的话，比如，父母担心孩子和一些"坏"孩子学坏，常常对孩子说："你最好别和那群不三不四的人搅在一起。"父母担心孩子的学习，就告诫孩子："不准上网！不准看电视！"

在前文例子中，在妈妈第一次说要拆电话机时，丽丽应该有些顾忌，可妈妈反复声明之后，却始终未见行动，丽丽拿准了妈妈的心思，因而大胆起来。妈妈的警告便失去了作用，无论她如何反复去说，丽丽都置若罔闻。

事实就是这样。父母常常抱怨孩子对自己的要求满不在乎，于是会对孩子没好气地说："我跟你说了无数遍了，你为什么不听？"听了这话，孩子的反应是什么？他们肯定会想"还不是老一套嘛"、"又来了"。

其实，父母应当拿这个问题问自己，而不是孩子。当父母警告孩子自己将会对他们的行为采取一定的严格措施时，要先弄清楚到底这个警告能否实行。倘若父母根本不会实行这个警告，就不应该和孩子讲。

对于一些显而易见的道理，相信孩子终究会领悟父母所叙述的道理，而改变自己的不正确行为，所以，孩子们并非不懂得父母的劝告，不懂得该怎样去做，只是有自己的不情愿或其他目的，或者不想轻易答应父母。在做父母的过多解释、反复强调、用太多的话语来施压的情况下，孩子们对家长的"唠叨"就开始厌烦，非但不照此改正，反而变本加厉。

所以，能做到就说，做不到就不说，否则只能使孩子对您的话的相信程度降低，甚至完全不相信，认为您不过是在危言耸听，大可不必当真。一旦孩子有了这样的结论，自然会对父母的批评警告充耳不闻。

比如，对于爱打电话的丽丽，妈妈称要把丽丽房间的电话拆掉时，就应对丽丽可能作出的反应进行考虑。如果妈妈认为为了教育丽丽，应当当机立断，把电话拆了，那么在丽丽屡教不改时就应果断地行动，向孩子显示妈妈说话是算

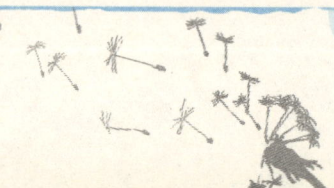

问题9 "孩子,你到底听到没有"

数的,她从此便不会拿妈妈的话不当回事了。

可见,劝告孩子需要掌握一定的方法,注意沟通方式。此外,父母还需要注意对孩子说话的口气。

许多父母认为自己对孩子体贴入微,照顾周到。然而孩子不仅体会不到,反而处处发难,令父母伤心劳神。其实孩子并不是有意向父母发难,而是父母教育子女的方式造成的。

比如,父母对孩子管得太宽、太严、太细致,本意是关心孩子,却给孩子提出了过分的、不合理的要求,甚至还夹杂着强迫、命令的语句,虽说是为孩子着想,却处处用一种孩子不能接受的口气。

父母总是给婷婷规定看电视的时间,但婷婷一坐在电视机前就忘掉了这些规定,于是妈妈开始唠叨了,"时间到了,不能再看了。""好的,过一会儿,我只再看一会儿。""不行,快关上。"如此反复,直到妈妈生气地把电视关上或孩子听着妈妈训斥的语调都变了,才不得不把电视机关了。

父母也许忘了,我们也曾经被很多电视节目深深吸引,甚至不想吃饭、睡觉,孩子也一样,他们也有被电视节目吸引而不肯离开的问题。面对父母的催促,孩子的想法是能拖一点时间就尽量往后拖一些。因此尽管孩子嘴上答应着,却没有行动,如果妈妈此时用命令的口气大声地呵斥孩子,只会让孩子产生逆反心理。

其实,父母这时不妨总结一下自己失败的经验,能否自己后退一步,给孩子足够的自主权,少管或不管?以此避免他们因在一些小事上对父母的强制作风不满而拒绝接受其他的要求。

此外,父母也要以身作则,如果自己坐在电视机前纹丝不动、无法自拔,却高声让孩子赶紧洗脸睡觉或者学习,孩子应该很难照着父母的要求做。

总之,在劝告孩子的过程中,父母应当注意说话的方法和口气,让孩子听进去,并从心理上接受。

解决：换种口气，让孩子听懂话

既然孩子无法接受父母劝告的口气，那么父母就有必要换一种口气，让孩子听懂、听进去。

天天今年5岁了，可没少让妈妈烦心。这不，吃晚饭的时候，妈妈告诉天天吃饭之前要记得洗手。可天天却像没听见一样，头也不抬地继续玩游戏，最后还是没洗手就吃饭了。为此，妈妈开始抱怨天天了，也开始担忧：这孩子是怎么了？到底有没有听到妈妈说的话呢？

对此，专家分析说：家长首先需要了解的是，对于学龄前儿童来说，他们已经能够全神贯注地做一件事情。与此同时，他们也变得更独立，也不喜欢被人打扰。事实上，无视别人的存在，正是他们自觉或不自觉的一个避免被打搅的方法。

其次，父母担心孩子"忽视"大人讲话并非没有道理，一旦孩子这种行为成为习惯，对孩子今后的交际影响很大。

最后，解决问题的关键在于父母要换一种说话的口气。

为此，一些专家总结了一些如何换种口气和孩子说话、让孩子懂得父母的话的建议，以供家长参考。

让孩子集中注意力关注父母的话

一般来说，在厨房干活的妈妈对着正在房间里玩得起劲的孩子大喊"过来洗手准备吃饭"效果不大。如果想让孩子听见妈妈的话，并且让他按照妈妈的想法去做，妈妈最好是让孩子先放下手中的事情，把孩子带到安静的房间里，再跟他说话。

建议：妈妈也可以走到孩子的身边，轻轻扶住他的肩膀，叫他的名字，当孩子看着您或者孩子的注意力完全转移到您这里时再开始说话。

父母不应太过唠叨

有资料显示，当父母在孩子面前不停地唠叨，从而把自己真正要讲的意思

和诸如抱怨、絮叨或责备等各种各样的"废话"都夹杂在一起,或是把要向孩子说的几件事和几个要求都混在一起跟他说个没完时,效果反而会降低。

建议:父母在跟孩子说话或提要求时,应尽量使自己的话语简单明了。每次告诉孩子事情的简单的几个步骤就可以了,也可以让孩子重复一下父母的话,并督促孩子照着去做。

不要大声训斥

父母经常大声地对孩子发布命令,这是很不明智的做法。虽然此时孩子的注意力都在父母身上,但他关注的只是父母脸上的愤怒表情,而不是父母所说的话。而且,这还会让孩子产生故意和父母作对的心理。

关注孩子的话

假如孩子发现爸爸妈妈十分关注自己说的话,那么他也会很愿意听父母说话。相反,假如父母在孩子说话时总显得心不在焉,或目不转睛地盯着自己喜爱看的电视节目或者书籍,那么孩子自然也会依样画葫芦了。

建议:父母总是希望孩子能够专心听自己说话,孩子也是一样。当孩子说话时,父母也要用对孩子的期望那样来要求自己,试着看着孩子的眼睛,认真倾听他说的每个字,也可以提一些相关的问题,表明你是在认真地听他的话,并已参与其中了。

不着急,给孩子时间

在父母着急让孩子做事情时,很多时候孩子也正专注于自己感兴趣的事情,因而容易忽视父母的话,这时候父母应当留给孩子更多的时间,不着急。

倘若父母老是打断孩子做自己感兴趣的事情,孩子往往会更不情愿搭理父母,对孩子的成长当然也是有害的。

父母说话的方式决定了孩子做事的结果,如果父母用命令、高声、责骂的口气让孩子做不喜欢的事情,孩子肯定会很不愿意,自然也就"听不到"父母的劝告了。只有用一种温和、商量、平等的口气和孩子交谈,孩子才能感受到父母的关爱和诚信,就会很情愿地做出成绩给父母看。

孩子在成长过程中难免会犯一些错误，批评孩子可以说是所有为人父母者的必修课。但如果不分时间、地点，采用不适宜的方式批评孩子，甚至把批评变成对孩子的情感虐待，就有可能造成孩子：

造成孩子

所以，批评孩子也要讲究技巧。

怎样批评孩子，看众妈妈给支的招

下面是几位妈妈的经验谈：

莫华妈：讲清规则 对不少孩子来说，犯错误的过程其实是一个认识规矩与规则的过程。因此，孩子犯错误时，大人应该先弄清楚孩子是不是明白相关的社会规则与规矩，再据此判断应不应该批评孩子。

丰丽妈：批评中肯定 每个孩子都渴望得到赏识和肯定，父母批评孩子时，也应该设法寻找孩子错误中的闪光点，肯定孩子以前的努力和成绩，批评中的肯定是最有效的批评，不仅可以督促孩子改正错误，还可以帮孩子建立自信。

紫莫妈：不要拖延时机 孩子犯了错误，父母应该尽快指出，才能真正起到督促作用。孩子的错误如果比较严重，采用冷处理是必要的，但不能拖延太久，错失教育的最佳时机。

问题 10

"孩子，你怎么坐不住啊"

疑问：坐不住，精力不能集中原因在哪

坐在椅子上身体会不停地左右摆动，或者干脆跪在椅子上，或者站起来又坐下，一会儿又站起来；做任何事情都很鲁莽，不去考虑后果；情绪特别容易达到亢奋状态，这时就会不由自主地打扰别人；不管做什么事情都无法坚持；注意力非常不集中，周围环境一有变化，就会受到干扰；经常莫名其妙地乱跑乱跳，大声喊叫……

学龄前儿童总是坐不住，喜欢跑到这跑到那，让父母忧心忡忡。

一位母亲略有同感地说："我的孩子桐桐也总是坐不住。有一天，我带他去朋友家玩，一到朋友家，他活像一只小猴子，上蹿下跳，对屋里的一切物品都充满兴趣。虽然他对每一样物品都感兴趣，但对每一样物品的兴趣都不会超过3分钟，整个屋子里的物品都是他的目标，刚刚在玩着一个玩具，一会儿又被下一个目标吸引了，一会儿玩一下积木，一会儿摸一下娃娃，一会儿拿起一本书……"

很多父母不得不经常斥责孩子："难道板凳上有钉子呀？你怎么就没个闲，

不能老老实实呆一会儿吗?"

为什么孩子注意力那么不集中,老是坐不住呢?

心理:"频繁"关爱,让孩子精神不集中

对于大多数孩子来说,安安静静地坐着,或者长时间专注地做某一件事情,确实是一件很困难的事。而这样的孩子,其意志力会比较薄弱,等到上学时,也往往难以专心听课,学习成绩当然也不及其他孩子。对于坐不住的孩子来说,即使是几分钟,那也是如坐针毡。

难道孩子就没有一项活动能做得持久一点的吗?

一位爸爸无奈地回答道:"我暂时还没发现。我的孩子最喜欢去公园喂鸟,可都只是玩一会儿就嚷嚷着要出来。有一次在公园玩,孩子在刚开始的时候非常兴奋,嚷嚷着要捞鱼。可我交了钱,他却捞了不到3分钟就不想捞了,转而奔向另一个玩具店。到了玩具店,他左看右摸,但是不管玩哪个玩具,都不会超过3分钟。我真的是拿他没有办法。"这位爸爸对于孩子坐不住的情况开始担忧,如果孩子上学也坐不住的话,就糟糕了。

该发生的总是会发生,学龄前注意力不集中的孩子,上学之后也很难集中精力学习。

根据一个一级城市某小学的2010年的入学统计,小学一年级的新生中,有超过55%的孩子注意力不集中。很多父母对此感到非常苦恼,也常常抱怨孩子上课为什么不注意听讲,老是坐不住、爱说话。在很多父母心里,他们觉得孩子的这些行为是很不应该的。

然而,父母怎会知道,正是因为孩子们小时候经常在聚精会神的情况下被家长打扰,才慢慢形成了注意力不集中的现象。

造成孩子"坐不住"的原因有很多种,比如说,孩子的卫生习惯不好;受到了周围环境的干扰;情绪紧张,受到了某种强烈的刺激;因为孩子参加的某些活动运动量太大,且持续的时间太长,或者是因为孩子对参加的活动根本就不感兴

问题10 "孩子,你怎么坐不住啊"

趣等等。

但是,除了这几个原因,孩子注意力无法集中最大的原因是家长频繁地"关爱"孩子,打断孩子正在做的事情。可以说,学龄前的孩子之所以无法集中注意力,很大程度上是父母造成的。

与此同时,有些父母工作很忙,没有时间看管孩子,只得交由爷爷奶奶照顾,而爷爷奶奶总是比父母更频繁地"关爱"孩子,打断孩子聚精会神做事情的频率更高。

蕾蕾今年刚满6岁,这一天她正在聚精会神地玩玩具,奶奶突然推门进来了,亲切地对孩子说:"宝贝,晚上想吃什么菜?"蕾蕾不得不放下手中的玩具,努力地想了想,说:"带鱼。"可奶奶刚出去没多久,爷爷又进来了,他也是亲切地对孩子说:"宝贝,爷爷刚洗了水果,来,赶快吃一个!"同样地,蕾蕾又放下手中的玩具,开始吃水果。然而,"关爱"还没有完,又过了一会儿,妈妈回来了,一进门就喊:"我的宝贝蕾蕾,快来让妈妈抱抱啊,妈妈想死你了。"蕾蕾再一次放下手中的玩具。

渐渐地,在蕾蕾的心里开始形成了一个个的"断点",每次专心做事情特别是玩玩具时就会时不时地想:"奶奶来了没?爷爷来了没?是不是到了吃水果的时间,晚上吃什么菜好呢,妈妈又要来抱我了……"于是,她开始不由自主地经常分神,注意力无法集中。

是啊,很多家长特别是爷爷奶奶,满心思只想好好照顾"我的好孙子、好孙女",迫不及待地拿各种各样的好东西给孩子吃,根本没有"不打断孩子"的意识。

比如孩子聚精会神在玩积木,到了要吃饭的时间,奶奶就会打断孩子,催促孩子吃饭。反正不管孩子在做什么,奶奶都随意以喝水、尿尿、吃饭、叫人、出门等等理由打断孩子的思绪。

虽然很多伟大的科学家和有卓越成就的人,性格都有所不同,但却有一个共同点,那就是他们都拥有超常的注意力。专注是一种优秀的品质,专注力越持久越好。家长们是希望孩子能够集中注意力做事的,但是各种额外的"关爱"总是无端地、不知不觉地破坏了孩子的专注力,而家长们却丝毫没有想过打断

孩子可能造成的后果。

解决：注意力训练一、二、三

注意力是非常重要的，因为没有注意力也就没有记忆力，它是一切智力的基础。既然注意力如此重要，那么父母就应当训练孩子专注的能力。但是在训练孩子的注意力之前，父母需要了解一些相关知识。

首先，应当了解学龄前儿童注意力能够集中的时间长短。据专家介绍，五六岁的孩子的专注时间一般不会超过15分钟。

其次，要知道孩子注意力不集中属于哪种类型，是生理因素、心理因素，还是环境因素。

接下来，父母就可以制定一些策略和计划训练孩子的专注力了。

第一，游戏训练法

1. 多米诺骨牌。等孩子上小学的时候，各种学科对于孩子来说都是多变、有趣、富有挑战性的，面对那些重复训练，孩子就很有可能注意力不集中。

多米诺骨牌训练法其实是考验孩子能将单一的动作坚持多久的一个方法。骨牌训练无论对心神的专一、心神集中的持续时间，都是一个极好的练习。大约有七成"难以集中注意力"的孩子，通过这个骨牌堆放的游戏，耐心得到了长足的进步。

把几百块骨牌瞬间推倒的快感，还能促使孩子对重复训练的"单调"产生耐受性。只要最终有快乐和成就感，孩子就可以逾越那些单调的训练，集中注意力。

2. "开火车"游戏。这个游戏需要3人以上共同协作，一家3口就可以完成。由于要做到口、耳、心并用，因此能让孩子的注意力高度集中，同时也锻炼了孩子思维快速反应能力，而且这种游戏气氛活跃，孩子玩起来，乐此不疲，能调动孩子的积极性。

游戏方法：3人围坐一圈，每人报上1个站名，通过对话来开动"火车"。比如，爸爸当作北京站，妈妈当作上海站，孩子当作广州站。爸爸拍手喊："北京

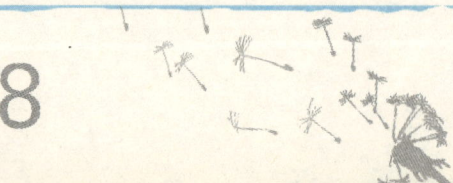

问题10 "孩子,你怎么坐不住啊"

的火车就要开了。"3人一齐拍手喊:"往哪开?"爸爸拍手喊:"往广州开。"当广州站的孩子就要马上接口:"广州的火车就要开了。"3人又一齐拍手喊:"往哪开?"孩子拍手喊:"往上海开。"这样火车开到谁那儿,谁就要立即开口接上。"火车"开得越快,越能锻炼孩子的注意力。

3. 扑克游戏。这种游戏符合孩子的心理特点,非常受孩子欢迎,孩子玩起来的积极性很高。每天坚持玩一阵,可锻炼注意力高度集中和快速反应能力。

游戏玩法:随意取3张不同的牌(玩之前要拿掉花牌),随意排列在桌上,比如从左到右依次是梅花7、黑桃6、方块9,让孩子选取一张要记住的牌,如黑桃6,并让他盯住这张牌,接着父母把3张牌反扣在桌上,随意更换3张牌的位置,然后让孩子报出黑桃6在哪儿。孩子猜对了,就是胜利,之后再轮换。随着孩子能力的提高,父母可以适当增加该游戏的难度,比如牌数从3张到4张、5张,增加变换牌的位置的次数和提高变换牌的位置的速度等等。

第二,让孩子向"分心"宣战

其实,很多孩子并不是故意不集中注意力,甚至孩子自己的心里很恨"分心"、"走神"这些敌人。因此,父母可以采用"打坏蛋"的办法,在孩子比较开心的时候,神秘地告诉孩子,在提高学习成绩的过程中有一个敌人,就是在学习和玩耍中很多孩子都容易犯的毛病——"分心"、"走神",只要战胜了这个大"坏蛋",成绩就会很快提高。

"作战方案":父母可以让孩子在每堂课上或者做作业时,用一张纸记录"走神"的次数,每发现自己"走神"一次,就马上划一条横线,这样孩子自然就可以把自己的注意力拉回课堂。在执行的过程中,可以把每半天、一天作为一个统计单位,让孩子力争分心、走神的次数越来越少。这种让孩子自己监督的方法,除了能够让孩子注意力集中之外,还可以培养孩子的自觉性和意志力。

总之,父母应当根据孩子的年龄、生理和环境特点,制定一些合理的方法,才能有效地提高孩子的专注力。

解决难倒父母
的 36 个问题

这天，妈妈把儿子送到幼儿园后，对老师说："老师，你替我好好说说这孩子吧！他实在太调皮了。"

孩子心里的小天地

"前两天，他把刚买的玩具兔给拆了；昨天他又把他爸给他买的坦克车拆得乱七八糟，我狠狠地打了他一顿。老师，你替我管管这孩子吧！"

老师把孩子叫到身边，问他为什么老是搞小破坏。孩子回答说："我想知道小兔为什么能跳，我想看看坦克为什么会跑，里面有没有驾驶员。"

父母只看到孩子拆玩具的表面，就不分青红皂白地把孩子痛打一顿，父母真的了解孩子做一件事的动机和心情吗？希望父母能抽空陪孩子把拆坏的玩具重新组装起来，并且告诉孩子玩具的工作原理，帮孩子解答脑海中的疑问。

一旦孩子出现破坏行为，父母一定要给孩子辩解的机会，了解孩子犯错的动机，从而循循善诱，帮助孩子解答心中的问题，给孩子一个自由的发展空间，激发他们的创造潜能。

专家建议

问题 11

"累了吧,快去休息一会儿"

疑问:这种体贴未必是关心

当孩子沉浸在自己的小天地,做自己喜欢的事情的时候,父母看着孩子认真、兴奋和忙碌的样子,开始心疼了,于是一会儿就对孩子说:"累了吧,快去休息一会儿。"

"每当看着孩子忙着做各种事情,我心里就会担心孩子,怕他累着,我是发自内心地关心孩子。"

其实,父母对孩了的这种体贴对孩子未必有好处,严格意义上说,这种体贴不是关心。

倘若每当孩子忙碌一段时间后,父母就强迫他们去休息,甚至每隔几分钟就要孩子休息,孩子就会逐渐失去对当下已经投入精力并且入迷的事情的兴趣,而且反而会更容易疲劳。

没错,父母所做的都是为了孩子好,但是父母自己未必知道并非所有的事情我们都做得正确。

我们可以想象一下:当我们能有机会通过做某件事来挑战和征服自己,而且拥有最大可能的满足,那这个时候无论多么累,我们都会感到无比骄傲和快乐。孩子也一样。

心理:孩子心理的"假累"现象

父母确实不应当在孩子忙碌的时候,让孩子停下来休息。不过,有一种孩子,却无需父母的"关心",而是主动地叫苦,说自己太累了,这其实是孩子"假累"的现象。

小龙今年5岁,活泼可爱,招人喜欢,可就是不喜欢每天都到幼儿园上学,只想在家里玩各种玩具,看看动画片。

一天早晨,妈妈做完早餐就准备让孩子起床洗脸、吃饭、上学,可孩子却说:"妈妈,我好累啊,我想再睡会儿觉,我今天可以不去幼儿园吗?"

妈妈一听到小龙的话,就开始心疼了,连忙摸摸孩子的额头,问孩子哪里不舒服,要不要到医院看医生,甚至连自己已经快迟到了都顾不上了。

孩子看到妈妈如此担心,也连忙说:"也没什么事,就是感觉太累,可能是昨天上学累着了,就想睡觉,妈妈你赶紧上班吧,我可以一个人呆在家的,你放心。"

妈妈看到孩子没什么事,也就放心了,赶忙收拾东西,把早餐拿到小龙的房间,叮嘱他一定要吃早餐,说完就上班去了。

小龙听到妈妈关门的声音,就立马从床上跳了起来,然后跑到客厅,打开电视,找到儿童频道,动画片如约而至。原来,小龙是"假累"。

看完了动画片,已经10点了,小龙又把屋里的玩具机器人搬了出来,开始把玩机器人了。

小龙妈妈知道小龙天天上幼儿园,肯定也会累,孩子既然说出来了,她就认为应当随着孩子,让孩子在家好好休息。殊不知,孩子的这种"假累"把妈妈蒙蔽了。

的确,很多孩子回到家之后,总是对父母叫苦:"我好累呀!"弄得父母担惊受怕。难道他们是真的做了很多事情累得不行了吗?

也许很多父母会注意到,当我们答应让孩子放松、休息时,孩子就会做他感

问题 11 "累了吧,快去休息一会儿"

兴趣的事情,而且屁股一坐下去就不想起来,根本没有疲倦的迹象。

是啊,要是孩子确实累了的话,定会马上跑到房间,蒙头大睡了,怎么可能还会聚精会神地做其他事情呢?

但孩子为什么在做其他的事情时老是抱怨太累,而做自己感兴趣的事情却可以花费几个小时,而且毫无怨言、不知疲倦呢?这是因为他们在爱好中获得了满足和精神上的放松。

正是由于上学或者各种父母为孩子报的"兴趣班"无法满足孩子,不能让孩子放松精神乃至体会到成就感,孩子才容易感觉到累。事实上,这只是一种假象。

我们成年人也一样,如果工作真的能够获取精神上的满足,那么当我们完成手头的工作之后,应该会感到轻松自如,因为这样的工作并不是负担,生命的激情在工作中得到了淋漓尽致的发挥。

可事实上,很多成年人也都会喊累,这也有可能是"假累"现象。因为,许多叫累的成年人回到家之后还是可以玩网络游戏。

可见,对于成年人来说,如果一个人把他的工作当作兴趣,每天都能以一种自我满足的心态积极工作,那么对他来说,工作就不是什么痛苦的事情了,反而成了轻松而享受的游戏。期间,他们不仅得到了快乐,还因此精神奋发,"假累"的现象绝不会出现。

同样地,对于孩子来说,如果能够一直做自己感兴趣的事情,那这个过程不仅是不痛苦的,而且孩子还能够轻松地完成,其能力也可以得到迅速提升。

所以,父母在面对孩子"假累"现象的时候,就应当分清楚孩子感兴趣的事情有哪些,不感兴趣的事情是什么,尽量不让孩子做不感兴趣的事情。如果有些事情是不得不做的,比如学习文化知识,那就首先要培养孩子对于学习的兴趣,然后才加大力气让孩子努力学习。

最重要的是,对于孩子感兴趣的事情,父母要让孩子尽快去做。

解决:让孩子尽快去做感兴趣的事情

从前文的分析中,不难看出,要想让孩子摆脱"假累"的现象,解决的办法是

让孩子做自己感兴趣的事情,而且要尽快去做。

在孩子的教育中,父母往往忽视孩子"疲劳"背后的真相。在父母的强迫和阻拦下,孩子很难从事自己热爱的活动,而父母为孩子操办的各种事情又引不起他们的兴趣,因此很容易失去热情,出现厌倦或疲惫甚至烦躁不安的现象,此刻父母一定会认为孩子累了,需要休息了。

然而事实并非如此,这只是父母不了解孩子的心理而已。孩子的这种表现理应引起他们的警觉,而他们却采取错误的方法,促使孩子的成长陷入了恶性循环。

那父母如何培养孩子做自己感兴趣的事情呢?

首先,父母不要总是强迫孩子做自己不喜欢的事情。

一位幼教老师本来要在上课的时候让孩子们复习已经学过的故事,然后再教孩子们一首新的儿歌。可当她兴致勃勃地让孩子们站起来复述的时候,孩子们却一反常态,居然没有一个站起来。

她感觉到了反常,就让一个平常最老实的孩子起来说明原因。这位孩子说:"我们想先学习新的儿歌,再复习昨天的故事。"看到全班孩子的眼神,老师知道这是孩子的兴趣使然。

于是老师就顺水推舟说:"行啊,你们有自己的想法了,就依你们,不过老师也有要求,等会儿小朋友讲故事的时候,我们要学会尊重别人,认真地倾听哦!"灿烂的笑容又重新回到孩子纯真的小脸上,孩子们一个个精神抖擞。这节复习课,效果当然也非常好。

可见,孩子也有自己的喜好,强迫他们去做不喜欢的事情,孩子们总会不开心。让孩子自己选择感兴趣的事情,孩子就会全神贯注,就会收到事半功倍的效果。

其次,父母应当鼓励孩子做自己喜欢做的事情。

有一次洋洋和妈妈一起逛街,看到广场有一个露天溜冰场,里面人很多,一般都是一些青少年,几乎没有小孩子。可洋洋从没有见过这么气派的溜冰场,更不用说到上面玩了。于是洋洋就央求妈妈。

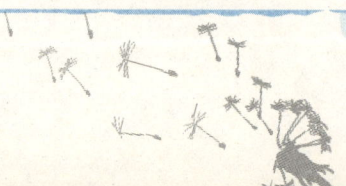

问题 11 "累了吧,快去休息一会儿"

洋洋妈妈虽然看到里面人挺多,有些危险,但为了培养孩子的兴趣,还是答应了,只要注意安全就可以。

于是洋洋夹在那些哥哥姐姐中间开始溜来溜去,起初,洋洋很是小心地沿着边上溜,慢慢地就开始在中间穿插滑行了,每次看着要和人撞上去时,洋洋都会小心地避开。胆子大了些后,洋洋开始滑行得很快,免不了摔了几跤,小家伙爬起来继续滑,不知疼痛的样子。

待洋洋滑行至妈妈身边时,洋洋妈妈就会竖起大拇指。

"摔得疼吗?"

"不疼,我会保护自己。"

"不错,宝贝,摔几跤后你滑得更好了。"

"嗯,我感觉也是。"

于是,每周洋洋都要去溜一两次冰,学会了很多东西,由于用心学,进步很大,妈妈也感觉孩子确实是一次比一次老练。虽然有冲撞和摔跤的危险,但是,洋洋有勇气,有信心,而且有进步,这让妈妈很欣慰。

在这点上,中国父母相比西方的父母有一定的欠缺。中国父母比较重视孩子的外貌、学习成绩、是否有特长等等。

可在西方父母眼中,孩子的兴趣最重要。你成绩不行,体育好也可以;篮球不好,冰球好也可以;体育和成绩都不好,朋友多也可以……反正孩子随便在哪一个方面有特长,老师和家长就重视你这一点长处,从而加以鼓励和培养。

最后,当孩子进步的时候要给予表现的机会,就算没有成功,也要给予鼓励。

孩子虽然对一些事情感兴趣,但毕竟受到年龄和经验能力的限制,一开始不可能做得很好,这就需要父母的鼓励。父母可以对孩子说:"你那么喜欢,妈妈认为你肯定可以做得很好,加油,你能行的。"

培养孩子的动手能力

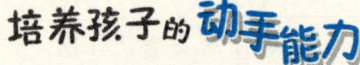

教育家苏霍姆林斯基说过："儿童的智慧在他的手指尖上。"我国著名教育家陶行知先生也提出了"手脑并用"的理论，强调了手指的运动有利于幼儿智力的发展。但是，有的家长片面地把教育单一地看成智力开发、技能的学习，在早期教育上这是违背儿童的心理特点的，强制性的智力开发，只要求进行知识灌输，而不重视孩子自理能力的培养，对孩子的生活则事无巨细，娇生惯养，溺爱放纵，有求必应，唯恐孩子"受屈"。

家长喜欢不断给孩子购买高档的新玩具，认为只有这样才能开启孩子的智慧。其实复杂新奇的玩具大部分只能给孩子短暂的刺激，时间一长，孩子就会索然无味。而各种积木积塑等看起来简单的玩具却能使孩子百玩不厌，因为这些玩具有着无穷的组合和变化，能给孩子提供充分的想象空间。

如搓、捏橡皮泥，也是孩子们所喜欢的。橡皮泥在他们的小手的摆弄下，可以变成千姿百态的小人和小动物。还可用旧挂历纸撕贴粘画，家长画好图样，并把旧挂历纸撕成细长条形，让幼儿练习把长条纸撕成小碎块，然后粘贴在图样上，从撕纸到粘贴需要的是手的灵活、协调，同时幼儿对撕贴也很感兴趣。一般来说，孩子玩过之后，家里总会显得有点脏、有点乱，有些家长就会限制孩子的活动，如手工剪贴之后有时地面上一片狼藉，有的家长就干脆剥夺孩子动手学习的权利。

正确的做法应该是鼓励幼儿去多玩，多动手，多动脑，并让其玩个畅快。重要的是在事前明确要求，例如要求幼儿在剪纸时，边剪边随手把边角料、纸屑放在小盒中，不乱丢，事后收拾干净。在玩玩具后，要把玩具整理整齐，保持环境整洁，这样不但有利于幼儿动手能力的发展，还培养了良好的生活习惯。

问题 12

"天空是什么颜色的"

疑问：孩子为什么会如此不自信

不管是在生活、学习还是玩耍的过程中，孩子经常表现出不自信，这让很多父母错愕。津津妈妈就有孩子不自信的烦恼。

津津今年不到 5 岁，一直上着幼儿园，可前几天她突然跑到妈妈跟前说："妈妈，我不想到幼儿园上学了。"津津的话让妈妈不知所措，孩子到底怎么了？过了一会，妈妈才想起问孩子为什么不去幼儿园了。

原来，津津几天前由于一个字没有写好，想擦了重新写，可又没带橡皮擦，就用口水擦了，结果可想而知。津津害怕老师知道后会批评她，就不想去幼儿园了。

后来，津津妈妈赶紧到幼儿园和老师沟通，老师也说了这不是严重问题，认错了就可以了，可津津就是害怕，不肯去幼儿园。

孩子这种不自信的例子很多，比如一次，老师故意问一个本来知道天空是什么颜色的孩子："天空是什么颜色？"她没想到的是，这一问让这位胆小的孩子感到十分紧张，不知所措，他犹豫半天，不知怎样回答，最后只是小声地说："是……是蓝色的吗？"

这个孩子为什么如此不自信,即使自己知道天空是什么颜色,却不肯定地小声回答。在现实生活中,为什么孩子总是那么不自信呢?

心理:孩子的"怀疑癖"

孩子之所以不自信是因为孩子害怕犯错,导致自己无法做出正确的判断,就是孩子的"怀疑癖"。在心理病态症中,"怀疑癖"是一种典型的心理症状。这种"怀疑癖"的一个最明显症状就是不能够独立做决定,怀疑一切客观事实或者已经有明显答案的问题,同时当事人深深陷入一种痛苦情绪之中。以下是一个典型的具有"怀疑癖"的人的案例:

在一家精神病院里,有一位患"怀疑癖"的病人。这个病人是一位小区的清洁工人,在清理各家各户的垃圾桶时,他总是喜欢一遍一遍地检查垃圾桶,他担心户主把一些有价值的东西留在了垃圾桶里。

因此,这位病人在决定带走垃圾前,都会拎着垃圾桶爬上楼梯,挨家挨户地敲门,问他们的垃圾桶里是否遗留有值钱的物品,直到确信没有后才慢慢地离开。然而,折腾了一遍还不算完,没过一会,他就又会返回,再一次每家每户地敲门,问他们是否把一些有价值的物品遗留在了垃圾桶。如此循环反复,似乎乐此不疲。

每个户主只得反复地告诉他:"垃圾里没有任何值钱的东西,你可以放心了。"这个时候,他眼里闪烁着泪光,人们的言语对他来说是多大的支持和安慰啊!

实际上,"怀疑癖"的现象随处可见。即使作为正常人的我们,脑子里也会有这种"怀疑癖"的潜意识。例如,当我们准备出门,仔细思索有没有把该带的物品带齐,接着锁好门之后,依然会下意识地将锁左右摇动几次,生怕没锁好;更有甚者,在走出一小段路之后还会返回来,重新推推门、检查门锁,虽然在我们心里已经知道锁好了门,但仍然不相信自己,总是会多次验证。

同样地,这种情况也出现在孩子身上。比如,一些孩子在临睡觉之前都会看看窗户有没有关严,床底下有没有什么恐怖的小动物等等,这都是孩子"怀疑

问题 12 "天空是什么颜色的"

癖"的表现。

那孩子为什么会出现这种害怕犯错的"怀疑癖"呢?

一位儿童专家说,很多父母往往不知道孩子正慢慢地成为他们的牺牲品,无法意识到正是他们的行为泯灭了孩子的判断能力:运用各种命令和强制手段,强行要求孩子应当这样做,不能那样做;用自己主观的想法教育孩子,什么是正确的和错误的。父母渴望孩子长大,可实际行动却扼杀了孩子的成长。

由此引申,可以总结出一些孩子出现害怕犯错的"怀疑癖"的原因。

1. 失败的阴影笼罩着孩子

如果孩子心中有失败的阴影,比如在某些活动中出现一些失误,让其他的孩子大笑,那么当孩子再次面对类似的场景,他们的心里就会出现那些在父母看来已经消失的失败景象。于是,焦虑、心跳、脸红相继出现,很容易再次失败。

2. 经常受到父母的严厉批评

当孩子犯错之后,一些父母会严厉地加以斥责,甚至当着很多其他孩子的面打骂孩子,让孩子无地自容。比如当孩子迟到时,父母当着孩子同学的面说:"这么多人在等你!你做事怎么这么不负责任呢?"

父母是孩子心中的榜样,是孩子最亲近的人,当父母用这种近似破坏性的方式批评孩子之后,孩子"决定"不再犯错。

3. 老是被比较

"我是上帝独特的创造物,上帝造完我就把模子毁了!"

每一个人都是独一无二的!经常拿自己的孩子和别的孩子做比较,是不恰当的。当父母拿自己孩子的不足和其他孩子的长处相比较时,孩子容易产生自卑的心理,久而久之,勇敢犯错的心理就不复存在了。

4. 过分保护孩子

过分保护孩子,不让孩子按照自己的想法去实践,那么孩子将来就什么事情也做不成。然而,孩子的自信心的建立很大一部分是因为孩子能够体会到成功的喜悦,当父母剥夺了孩子这种权利之后,孩子的自信心也就无从谈起了。可以说,父母过度保护孩子,不让孩子受伤害,其实是自己首先伤害了孩子。

5. 处在父母的胁迫之下

一些父母总是会要求孩子做各种事情,而不管孩子喜欢与否。父母这样做的后果就是让孩子体会不到被尊重的感觉,自信心一下子跌到谷底。

解决：让孩子"放心"犯错

为了让孩子树立良好的自信心，父母必须放心地让孩子犯错，让孩子尝试各种事情。

父母应当认识到孩子犯错对他们的益处。孩子总是喜欢新奇的事物，非常想要尝试各种"艰难险阻"，甚至触碰各种"底线"。如果父母允许孩子这么做，那么他们就能在这些尝试和错误之中认识各种事物，学习到各种知识，而且记忆更加深刻。所以，从另一种角度说，孩子犯错正是孩子学习的过程，是孩子成长过程中必不可少的阶段。

那当孩子犯错之后父母应当怎么办？或者说，父母应当怎样正确对待孩子的错误呢？

一位父亲说："我儿子奇奇今年3岁了，人如其名，他的好奇心特别强。有一次，可能是他想'鉴定'一下瓷碗究竟会不会破碎，然后当着我的面拿着一只瓷碗摔到地上。面对满地的碎片，他欣喜若狂，似乎是终于知道了瓷碗会破。可一会儿又似乎感觉到了什么，看着我直发愣，好像对我说：'爸爸，我错了，别骂我。'然而，我不仅没有怪他，反而帮他清理瓷碗碎片，进而让他记住瓷碗易碎的常识。以后，儿子自觉地学会保护和使用这类物品，就再也没有摔碎过任何东西。"

每个人都难免犯错误，何况是孩子？所以父母需要做的，是如何将孩子"犯错误"过程中的不利、消极因素转化为有利的、积极的、合情合理的因素，而不是责备、打骂。

陈女士在国外住过，她说："有一天，我去一位美国老师家做客，在和老师聊天的过程中看见老师刚满3岁的孩子拿着一把钥匙，动作笨拙地插进锁中，想打开卧室的门，但把弄了好久也打不开。于是，我就打算主动过去想帮他一下，却被老师阻止了。我的美国老师说，让他自己先犯些'错误'吧，他自己琢磨一会儿总能把门打开，以后他就再也不会忘记这门是怎么打开的了！果不其然，那孩子折腾了一段时间后，终于将门打开了，还欣喜地拍起手来。"

从这个例子中,可以看出,犯错在孩子的成长过程中有着不可替代的作用,父母切记要让孩子放心地尝试和犯错。

通过以上分析,可以总结出以下几点正确处理孩子犯错的做法:

1. 首先要冷静,找出孩子犯错的原因,不要让表面现象蒙蔽了事情的真相。

2. 允许孩子犯错误,而且要让他体验犯错后的后果,以此让孩子对这件事印象更加深刻。

3. 犯错是成长的必经过程,不要追求孩子事事都做得完美。

4. 相信他有改过的能力,其实我们不批评孩子比批评孩子更能让孩子体会成长的代价。

5. 孩子犯错误之后,父母不要马上让他纠正,给他时间让他自己去调整,这样比父母亲自指导效果更佳。

其实,孩子的错误,应该分为两种:第一种是家长必须予以立即纠正的,如乱丢垃圾、不讲整洁、欺负弱小等情况,一旦放任以后就难以收拾;第二种,即孩子能够自行纠正的,比如孩子适应生活以及成长过程中会遇到的各种挫折,父母应该允许他们犯错。因为,孩子不断犯错误的过程,正是其不断改正错误、自我完善、成长的过程。

父母要培养孩子把自己观点坚持到底的决心,并不是说要让孩子固执己见。或许有些父母也会迟疑,如果是错误的答案也要坚持吗?

孩子,请坚持自己的*判断*

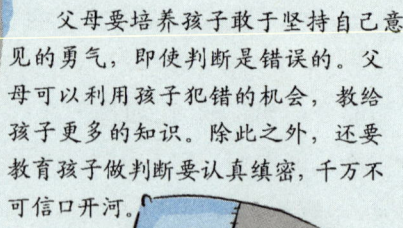

当孩子对事情做出自己的判断时,父母要鼓励孩子坚持自己的。等到揭晓答案时,父母再陪孩子一起找出现错误的地方。

父母要培养孩子敢于坚持自己意见的勇气,即使判断是错误的。父母可以利用孩子犯错的机会,教给孩子更多的知识。除此之外,还要教育孩子做判断要认真缜密,千万不可信口开河。

父母要培养孩子说话前思考的习惯,让孩子了解自己说出来的话是一种责任,并告诫孩子说话要考虑后果,不要信口开河。

专家总结

问题 13

"这孩子的思想真是天马行空"

疑问：天马行空就是想象力强吗

孩子的想象力对于孩子成长具有重要作用，想象力似乎是孩子与生俱来的天赋，持续保有这份想象力的孩子是幸福的，具有想象力的孩子较为乐观，也较喜爱探索世界，更充满了无限的创意。

很多父母都能认识到这一点，所以当孩子拥有天马行空的想象力时，父母都会大加赞赏。然而，天马行空就是想象力强的表现吗？其实，父母要分清孩子的想象是丰富还是胡编乱造。

有一个幼儿园老师为孩子讲述了一个平底锅流浪的故事，故事的结尾是这只原本被人忽略的平底锅后来成为了鸟窝，各种各样的鸟儿在平底锅里栖息、孵蛋、成长。接着老师问在后面观摩讲课的父母："平底锅除了做鸟窝以外，还可以做什么？"

父母们苦思冥想，但答案却都只是一些诸如"猫狗食物盘"、"花盆"等容器。然而，同样的问题，在座的小孩子回答就宽阔很多，比如"可以打坏人"、"当乐器"、"磨亮了当镜子"、"加上长针、短针当时钟"、"巨人的乒乓球拍"等，完全超出了平底锅原有的功能。这些答案就是孩子想象力丰富的表现。

相比之下，一些孩子把石头想象成飞机，把旋钮想成骏马，等等。孩子的这种"天马行空"是想象力丰富的表现吗？

心理："心理神游"是种病

在著名的意大利教育学家蒙特梭利看来，孩子的天马行空并不是想象力强的表现，而是一种心理神游。曾有媒体报道过这样一个案例：

在医院中，有几个6个月以上大的孩子出现了各种生理失调症状，经过医生反复的观察和研究之后发现，孩子这些生理失调的背后存在着不容忽视的心理因素——这些6个月以上大的孩子们得了一种叫做"缺乏心灵营养而引起的倦怠"的疾病。

为了能让这些孩子快乐起来，医生们绞尽脑汁，为他们提供各种娱乐和轻松的环境，每隔几天就把这些孩子带到不同的地方去玩耍，以免让他们和之前那样，一个人孤独地呆着。没过多久，经过医生的努力，这些孩子都恢复了正常的心理。

从以上事例中，可以得出这样一种结论：不到1岁的儿童能够对他周围的事物形成清晰的印象，并能从众多的印象中学会区分它们。而当孩子找不到可以关注的对象时，就会游离不定、坐立不安、到处乱动。由于他们的心思分散在许多不同的事情上，无法长时间地集中在他不感兴趣的东西上，即使开始做一件事，也无法坚持很久。心理学家通常把这种状态称为"心理神游"。

蒙特梭利教育法认为，孩子的这种心理神游是一种心理"歧变"。"它是指儿童不能实现他发展的原始计划，儿童的心理能量不是按他们应有的方式得到发展，而是沿着错误的方向发展。当这些心理能量失掉了它们的终极点而毫无目的地漫游时，通常就产生了歧变。"歧变产生的原因是儿童在他们的心理形成时期遇到了一个有敌意的环境。

当孩子产生心理歧变时，一方面会产生很多幻想，比如一张椅子变成了皇帝的宝座，一颗石子变成了一架威武的飞机，看着手中的玩具也会产生各种各样的"奇

问题13 "这孩子的思想真是天马行空"

思妙想"……无法集中注意力,思绪四处游荡,没有一个固定的方向;另一方面,孩子会过度地玩游戏、玩玩具。

而很多父母却把孩子的这种幻想理解和解释为孩子心灵的创造性倾向和想象力,并不断鼓励和强化,殊不知这种幻想的结果会使孩子生活在幻觉中,而不能同现实进行富有建设性的接触。就是说,孩子的心灵与真实的生活分割开了,孩子心理能量失去了其发展的正确方向,在无目的的活动中浪费了其宝贵的精力和生命。

同样地,儿童对游戏、玩具的热衷也被大部分人视为儿童的天性,认为孩子可以在玩玩具的过程中找到快乐。但是,如果父母仔细观察孩子玩游戏的过程,就会发现,玩具能激起儿童进行一种游戏活动,但是这种活动并不会持续很久,很快儿童就会把玩具扔掉或破坏。

玩具给儿童提供的环境并没有特殊的作用,除了幻觉,并不能给他们任何真实的和理智的专注。尽管孩子总是会厌倦甚至破坏玩具,但成人的想法却不会改变,还是会毫不吝惜地把它们送给孩子。这样一来,孩子就出现神游状态,他们会逃进游戏或幻想世界中去寻找慰藉。深层次说,神游代表了孩子一种自我无意识的防御,逃离痛苦或危险。

当儿童心理产生歧变后,在行为方面最突出的表现是会坐立不安地乱动。如蒙特梭利所描述的:"他们充满活力和不可压抑,但是毫无目的。他们刚开始做某事,尚未完成就把它丢下了,因为他们的心力朝着许多不同的对象,而不能固定在某个东西上。"这种不仅在一些孩子身上能见到,在我们很多成人身上也是极其普遍的现象,究其原因就是童年期的心理歧变。

相反,在蒙特梭利进行的实验教育中,儿童所展现出的天性是喜欢对知识的探求,真正地了解、认识他周围的世界。

可见,天马行空式的心理神游对孩子来说不是好事,很多游戏对孩子真正认识外面的世界没有多少有价值的意义。父母应当让孩子的心思放到和现实社会联系紧密的各种事情中。

解决：良好的家庭环境喂饱"精神"

要想孩子有一个健康的生活，父母必须同时满足孩子的生理需求和心理需求，两者缺一不可。然而，在现实生活中，这种真相往往被很多人忽视，父母往往只注重在物质上满足孩子，与此同时，孩子的精神却始终处于"饥饿"状态。实际上，要想有一个良好的家庭环境，父母需要"喂饱"孩子的精神。

一个孩子说："我就像是爸爸妈妈的'宠物'，每天在房子、车子、教室3个大笼子里'圈养'着，不知道什么时候才能被'放生'。"确实，不少家长都不自觉地把孩子当成宠物来养，在物质上"贵养"孩子，总是一直满足孩子物质上的所有要求。可是，在精神上却"贱养"孩子，没有从孩子的心理为孩子着想，没有尊重孩子"人性"的一面。

假如父母能为孩子提供适合的成长环境，就能够看到孩子们会很快集中精力、愉快地投入生活和学习中，之前的幻想情绪随即消失了，无目的的神游也就变得有方向了，而孩子的四肢也不会简单，也会成为思想的工具，进而帮助他们更好地生活，更健康地成长。

一些家庭教育专家对此表示，父母在孩子的成长过程中应该"以孩子为本"，重视孩子的"生存权"和"发展权"等精神上的培养。

物质上过于溺爱孩子，包办一切

就像主人给宠物喂好吃的、洗澡、打扮，而宠物不必学会独自求生、由主人包办一切一样，父母对待孩子也是饭来张口、衣来伸手，孩子定会缺乏独立性和生活自理能力。

现实中，很多家庭里，爸爸妈妈、爷爷奶奶几个人整天围绕着一个孩子转，对于孩子的物质需求有求必应，把最好的食物留给孩子，甚至为孩子购买各种名牌和时尚物品。不仅如此，部分父母为孩子"包办"一切：每天早上帮孩子把衣服穿好，将牙膏挤在牙刷上；平时孩子也不需要做任何家务活，所有的家务都

由父母包下来。

行动上过多的限制和命令

很多孩子对父母言听计从，没有行动的自由、选择的权利，失去了个性和创造力。

不少父母认为"现阶段，安全和健康应该是第一位的，其他都是次要"，总是以"安全"为由限制孩子的行为。孩子想玩地上的泥巴时，父母会说："地上太脏了。"孩子想爬树，父母会说："太危险了，掉下来摔伤了怎么办？"孩子吃完饭想自己端碗进厨房，父母会说："不用了，万一打碎了会割破手流血的。"……很多孩子在做一些事情之前，都要先看父母的脸色，得到允许才动手去做。

精神上：俯视、发泄

和对待宠物一样，主人高兴时，搂着它睡觉，让它展示才能；主人烦躁时，骂它、踢它，它不会反抗、记恨，在精神上被压迫的孩子总是惧怕父母，很容易焦虑。

黄女士平时上班压力很大，也很忙，总是加班，还好孩子有老人带着，不然她肯定熬不过来。然而，每天晚上下班回家，孩子却要她讲故事、做游戏等。黄女士心情好的时候就跟孩子好好玩，心情不好的时候就容易拿孩子来撒气。比如，当孩子要求讲故事的时候，她会说："我上班都累死了，你自己看吧，都这么大了还要妈妈讲，真没用！"当孩子哭闹的时候，黄女士也容易情绪失控，大声吼孩子："上班都烦死了，回来还要被你烦，走开！"

蹲下来聆听孩子心声

在孩子幼小的世界中，父母往往是高高在上的，这就在心理上造成了大人和孩子无形中的不平等。一些儿童专家建议，父母在跟孩子交流时，应该蹲下来，直视孩子的眼睛，让孩子有一个和家长平等对视、平等交流的机会。

父母教育孩子的第一道关卡，只有在精神上"喂饱"孩子，只有体会孩子的心理，思考孩子的精神需求，才能给孩子一个健康的成长环境。每一个问题孩子的背后，都有一个问题家庭，家长只有时时反省，细心耐心，认真学习，才能做到尊重孩子"人性"的一面。

解决难倒父母的36个问题

3岁以前，是父母安排期。英国格拉斯哥大学社会心理学教授帕特里克·奥唐纳用了15年研究"建构式游戏"行为，即父母或大人对孩子的游戏和生活的指导行为及其影响，研究发现孩子具有游戏和探索的天性，在3岁之前，这种行为一般在父母指导下进行，以便帮助孩子发掘兴趣，帮助他们学会语言。

根据不同年龄，允许孩子"无所事事"

3岁~5岁，是孩子自主期。孩子开始对社会活动感兴趣，在正常情况下，如果孩子们发现感兴趣的事情，或希望融入孩子间的社交活动，就不会感到无聊，除非他们发现没有玩伴或活动的限制太多。

5岁~6岁，是孩子自主社交的关键时期。在这个年龄阶段，孩子们不喜欢过多和父母呆在一起，而更喜欢和其他同龄孩子玩耍。这时候，那些喜欢分秒看着孩子的父母要注意了，不能时刻充当"卫星定位仪"，监控孩子。

问题

"我要妈妈"

疑问：孩子粘人，天天离不开人

"我要妈妈。"孩子的哭声回荡在整间房子，听起来特别凄惨，妈妈的心无比疼痛，连忙折回来抱起孩子，亲着、哄着……现在的孩子确实都很粘人，好像一分一秒都离不开父母似的。

"我们的孩子已经4岁半了，在幼儿园上课。看着孩子由一个呱呱坠地的婴儿长成一个活蹦乱跳的小男孩，我们心里总是充满了成就感与满足感。而且孩子聪明伶俐、活泼可爱，就连亲戚朋友们也都喜欢他，把他当宝一样的。然而，他却有一个很明显的坏习惯，让我俩很头疼，就是孩子特别粘人，他就像'牛皮糖'一样的，一被他粘住就难以脱身。"

"我之前听很多妈妈说，1岁之前的孩子对父母特别有依恋感，但我的孩子已经5岁了，为什么还是那么喜欢粘人呢？除了到幼儿园，我走到哪里他都要跟着。我上厕所时，他也要等在厕所门口，有时候还不停地在外面敲门，即使我用'宝宝乖，妈妈在上厕所，一会就出来'这样的话哄他，也没用，他依旧如故……假如我下班回到家里，他这样粘我，也没什么不好，我可以教他读读书、画些画、玩玩游戏，他也很喜欢与我一起做这些事情。但是，我要出门做事，他也要粘着我,这就让我受不了了……"

孩子粘人是一个普遍存在的现象,可不仅父母无法脱身,也会让孩子产生一系列问题,究竟孩子为什么会如此粘人呢?

心理:被"乖现象"掩盖的依附心理

在现实生活中,很多父母应该不难看到孩子总是喜欢粘着人的现象。然而,孩子这种寸步不离的习性却被一些父母认为是孩子乖巧、听话的表现,这样的孩子长大后一定会孝顺、尊敬父母的。可事实上,这正是孩子强烈的依附心理的表现,严格来说是病态的。而这种依附心理,却被孩子的乖巧这种"乖现象"掩盖了。

蕾蕾今年5岁,漂亮、可爱、乖巧,是很讨人喜欢的那种孩子,一眼看上去就知道被家里人照顾得很好。

然而,她的幼儿园老师却不这么看。

她说:"和蕾蕾一接触,我很快感受到,她缺乏这个年龄应有的生命活力,幼小的她内在并不快乐。她的内在生命缺少了点什么。"

接下来的一个多月,蕾蕾完全不和小朋友玩耍,主要的伙伴就是一个特定的幼儿园老师。每天早上,幼儿园老师将她从妈妈的怀里接过来后,这位老师就成为蕾蕾这一天的唯一伙伴。她虽然并不挑剔是哪一个老师固定地陪伴她,但每一天一定要有一个老师完全地陪伴,包括上厕所和吃饭的时间,也绝不能离开她。

其实,蕾蕾已经有了强烈的依附心理,做什么事情都要有一个人在旁边。

蒙特梭利说:"有些儿童的本性是如此得退缩,以致他们的心脏能量太弱而不能抵制成人的影响。代之而起,他们把自己依附于一个倾向于用自己的活动来代替儿童活动的年长者,这样他们变得过分依赖于他。他们缺乏充满活力的心力,虽然他们并没有意识到这一点,这使他们易于掉泪。他们抱怨所有的东

问题 14 "我要妈妈"

西,并且由于他们具有一种正在遭受痛苦的神态,他们被认为是神经过敏和充满深情的。"

实际上,依附心理是许多孩子都具有的缺陷。他们的性格懦弱,习惯躲在成人特别是父母的背后求得安全;他们不敢一个人独处,不相信自己能独立做好一件事,不管什么事情都要父母帮助他们来完成。毫无疑问,依附心理对孩子的成长有巨大的影响。

特别是当这类孩子的依附心理以一种假象出现时,父母更是大加赞赏。比如他们每当遇到问题就爱问父母"这是为什么",给人一种似乎他们正求知若渴的感觉。

事实并非如此。如果仔细观察的话,父母就会发现他们其实并没有认真倾听大人的回答,而只是一味地重复自己的问题,从来没有思考过如何解决问题。

然而,很多父母却觉得这样的孩子很乖巧,于是,依附心理被掩盖了。

西方人就很难理解这种"乖现象"。

一个4岁不到的孩子走出房间,客厅有很多父母的朋友,父母赶紧让孩子跟朋友打招呼。父母扯着胳膊提醒孩子:"还不快叫阿姨、叔叔。"于是可怜的孩子蚊子般嗡嗡地挤出来"叔叔、阿姨好",接着又被命令到一旁自己乖乖地玩去。

西方没有让孩子称呼外人叔叔、阿姨的习俗,孩子被允许一起聊天讨论,在很小的时候就能如大人般地发表自己的见解。

一位中国母亲询问一位美国6岁女孩最要好的朋友是谁时,那女孩从兜里拿出了一张与一个男孩的合影说:"这是我最亲密的男朋友。"中国母亲听完之后,惊讶得哑口无言,而站在一旁的美国妈妈仍然一脸坦然地微笑着。

一会儿,这个6岁女孩还夸赞其男友"非常英俊"。中国母亲这时开始兴趣盎然地与小姑娘讨论起什么样的男人称得上英俊,小姑娘居然滔滔不绝地阐述自己的想法,还经常驳斥中国母亲的一些观点,而当这位中国母亲道别时,小姑娘提醒说:"你穿的裙子已是去年过时的款式了。"

所以,父母眼里所谓的乖巧并不一定就是好事,容易让孩子产生依附心理。

而很多父母并没有意识到这一点,反而对孩子的这种状态十分满意。这些父母发现自己很容易就能控制孩子的思想和意志,省了很多麻烦——孩子不会跟父母顶着干,不会让父母愤怒得要爆炸,不会让父母产生很多烦恼。于是,父母就觉得这类孩子是乖巧的、可爱的,最终被表象蒙蔽了,看不到这种情形对孩子的消极影响。

解决:放手,让孩子"当家做主"

孩子之所以会有这么强烈的依附心理,是因为父母控制、代替孩子去做过多的事情,孩子没有办法自己去尝试,自然就容易养成什么事情都等着父母来帮忙,依附感越来越强。因此,为了让孩子克服这种依附心理,父母必须放手,让孩子"当家做主"。

父母要知道,放手让孩子"当家做主"具有重要作用。

很多做父母的担心孩子这件事不会做,那件事做不好,于是不让孩子动手,小心翼翼地呵护着,这样只会让孩子逐渐养成养尊处优的习惯,动手能力越来越弱,依赖性越来越强。

孩子在父母的控制之下,放弃自己思维和行动的能力,这无疑会影响孩子智力的发展。而且,孩子的这种依赖心理也很容易演化为冷漠、懒散。孩子天生所具有的活生生的创造潜能就这样夭折了。

而之所以放手让孩子自己去尝试,无非是想通过自主选择、自主管理、自主当家的方式,让孩子体会到劳动的艰辛、成果的来之不易以及生活的经验。

所以,父母一定要让孩子逐渐养成有自己的主见和参与"当家做主"的责任感与成就感。不管是家中需要添置什么大件家具,还是准备开展什么重要活动,都可以尽量和孩子商量,甚至遵循孩子的意见,让孩子明白他也是家中重要的一份子,他有和父母一起管理好家庭的权利和能力。

当孩子的意见确实没有建树或者确实难以实施时,不能批评孩子,以免伤害孩子的自尊心和打消他动手劳动的积极性,而是说明原因并给予鼓励。同样,当孩子犯错时,也应当给予指导和鼓励。一些有关孩子自己的家务活尽量放手让他自己做,做错了没有关系,只要及时改正和下次做好点就行了。特别

问题 14 "我要妈妈"

值得注意的是父母不要太刻薄地批评孩子。

当然,这里的"当家做主"并非特指要让孩子做家务活、参与家庭事务,还包括孩子的各种尝试和兴趣等等。

比如,当孩子喜欢玩玩具甚至拆玩具时,当孩子想自己上学时,当孩子不想让父母牵着手时,当孩子自己背书包时,当孩子想和伙伴们一起打球时……父母这时应该放手,让孩子独自去体会其中的酸甜苦辣,成功了有成就感,就算失败了也能获得生活的经验,这才是父母应该具有的观念。

小茹今年快 5 岁了,可由于妈妈太溺爱她了,一直无微不至地照顾小茹的生活,让小茹不受一点累和苦,妈妈的行为几乎无孔不入,凡是发现小茹想动手、动脚时,妈妈就会贴身保护。久而久之,小茹越来越依赖妈妈了,没有主动性,自信心缺失,遇到挫折就束手无策。

后来,小茹妈妈认识到了这样做的错误,于是大胆放手让小茹自己去尝试各种事情。一段时间之后,小茹不再粘着妈妈了,很多生活琐事都能独立完成,自信心十足。

可见,一个孩子是否粘人、粘人的程度如何,与父母运用的教育方式有很大关系。作为孩子的第一任老师,父母对孩子的教育方式越良好,孩子的独立性和自信心也就越强。

为此,父母还可以把孩子当大人相处。当孩子有不当需求或无理取闹时,不要立马跑过去满足他的所有需求,而是等一会儿,让他安静下来后,再慢慢跟他讲明父母的建议并鼓励他,"你是大人了,应当理解妈妈"等等,让孩子慢慢地理解和信任父母。

对于当下孩子的粘人行为,父母可以通过转移他们的注意力加以解决。当你需要离开他时,可以叫其他小朋友跟他一起玩,等到他与小朋友玩得高兴时,就可以告诉他"妈妈有事出去一会,等我办完事回来再跟你一起玩"。当父母回家可以陪孩子时,你也可以跟他说:"你看,妈妈没有骗你,妈妈回来了吧,现在我们一起玩吧。"形成习惯了,他就会知道,妈妈总会有一段时间要办事,他离开我也只是暂时的,等时间一到,她就会回来陪我了。

大胆一些,眼光放远一点,放手让孩子自己动手和尝试,才能让孩子获得成长所需的一些能力。

孩子依赖父母的三大理由

害羞
每次家里有生人来，女儿总是显现出六神无主的样子。那么小的人，显出与年龄极不相称的好静不好动。

儿童心理分析：
这是由孩子的天生气质决定的。有些孩子比较不爱动、胆小害羞，而且适应性差，对于新事物或陌生人，经常采取拒绝的方式，遇到不顺心的事情时，比较容易表露不愉快的心情。

恐惧
很多父母难以忘记孩子恐惧的表情，他们经常害怕地说："那声音太响了"、"梦里的怪兽"、"危险到处都有"、"我不知道会发生什么"。

儿童心理分析：
孩子常常会对暴雨、闪电和响雷感到恐惧。在自然环境中，暴雨通常很危险。应该告诉孩子如何保护自己。但是，要注意不能让孩子的恐惧感变成一种持久的不快。此外，儿童对黑暗的恐惧也很常见。

缠人
独生子女由于成长环境的特殊性，容易形成缠人、磨人的坏习惯，很容易让家长恼火。

儿童心理分析：
这是缺乏感情的表现。我们可以从婴儿的行为中清楚地看到这一点，婴儿啼哭，不光光是因为肚子饿，有时看到大人从他身边走过去却不抱他，也会哇哇哭起来，目的是引起你的注意，要你赶快抱他。这是一种感情需要。

问题 15

"我要，我要，我还要"

疑问：无限索求的孩子怎么了

一些孩子具有强烈的占有欲，自己喜欢的，就算是别人的也要，而且是"我要，我要，我还要"，无限索求。

一位妈妈很无奈地说出了孩子强烈的占有欲：

那天，我带着彬彬到沙滩玩，没过一会，他就看到一位同龄孩子正玩着一辆小汽车，于是他就过去和那个小朋友一起玩……又过了一会儿，我却看到只有彬彬一个人在玩，那个小朋友站在一旁。

我就走过去，询问那个小朋友的妈妈，一问才知道，彬彬竟然霸占了别人的小汽车，还不让别人玩。

我俯下身子，耐心地跟他讲道理："彬彬，我们把汽车还给哥哥好不好？"

"如果你实在喜欢这样的汽车，妈妈现在带你去买一辆好吗？"

"那要不然这样，我们先把汽车还给哥哥，然后回家吃饭。等明天，带着我们自己的汽车再来，如果哥哥同意的话，你们交换，好不好？"

我的一切努力换来的只有孩子的两个字："不好！"

看来好话没有用，我就强硬地拉起他回家，没想到他的反抗是异乎寻常得激烈,哭得声嘶力竭。

为什么孩子的占有欲这么强呢?孩子,你这是怎么了?

心理:病态心理下的占有欲

"我要!我要!我还要!"孩子这句口头禅经常成为父母们茶余饭后互相讨论的话题。有些父母认为这是孩子正常的成长规律,不必大惊小怪;有些父母觉得这是孩子自私自利的表现,不好好教育的话,将来会出现大问题等等。

父母的这些说法是正确的吗?如果不对,那么孩子这种占有欲背后的真正原因是什么呢?

首先,如果孩子占有欲不太强烈,也不是经常性地有这种行为,那么可以说这是孩子成长过程中的成长规律,当然也和自私自利划清界限了。

孩子到了3岁左右,就会产生明显的"以我为中心"的意识,他们往往会从"我"出发,而不知道还有"你"、有"他"、有别人,因而导致了独占行为的发生。但这种由"以我为中心"的心理产生的占有欲程度是比较轻微的,也与"自私自利"有着本质区别。

因此,当爸爸妈妈遇到孩子偶尔独占、抢夺别人的东西时,不应责骂孩子自私自利,而应给予说服教育和指导。

在日常生活中,父母可以让孩子多和伙伴们交往,在过程中引导孩子要把食物分给别人吃,玩具要和别人一起玩。此外,孩子在交往、玩耍时,父母可以选择一些年龄较大的孩子和他一起,这样不仅可以让较大的孩子适当带领、照顾他,而且可以制止孩子的"独占"以及"掠夺"行为,因为稍大一点的孩子有一定的自卫能力,而且年龄稍小的孩子一般能服从较大的孩子。

随着孩子年龄的增长,通过教育,"以我为中心"的意识逐渐淡薄,这种偶发性的"占有欲"会逐渐减少或消失。

其次,如果孩子具有强烈的占有欲望,而且经常性地出现这样的行为的话,这种在病态心理支配下的占有欲就超出了孩子成长规律的范畴,迈进自私自利的范围了。

问题15 "我要,我要,我还要"

当两个孩子一同看到一辆玩具汽车时,他们肯定都会说是自己的东西,并且不让别人玩。比如,一个孩子会说:"它是我的,我要它!"另一个孩子就会叫起来:"不,是我的!我要!"接着,他们很可能会为了这辆玩具汽车开始打架,哪怕是把玩具汽车损坏了也在所不惜。

孩子们总是会通过这种申诉、打架的方式相互竞争,甚至不惜毁坏他们极力想占有的东西。

就像饥饿的人在寻找各种食物那样,在孩子的成长过程中,他们会不断地对周围事物产生兴趣,会寻找能满足自己欲望的物品,不断在环境或活动中得到心灵的营养品。而当孩子在周围环境中找不到对其精神有利的"食物"时,他们的"饥饿"就会转移到对物品的占有欲之上。

心理学家发现:"一个人的心理歧变取决于在爱和占有之间做出的选择。"在心理学家看来:"孩子的本能就像章鱼的触角一样往外伸展,努力抓住他急不可待想要的东西。这种占有欲使他牢牢地抓住东西,然后像保护自己的生命一样保卫它们。如果孩子没有找到他发展的精神动力,那他就会被物质彻底吸引,并渴望拥有它们。孩子的心力就这样被转移了。"

对于那些性格比较内向的孩子来说,他们有时也会把注意力转向毫无价值的东西上,和性格外向的孩子不同的是,他们不会和其他孩子发生争执,而是选择将自己喜欢的物品慢慢积累并加以隐藏,比如他们的口袋之中总是会装有一些糖果或者小玩具。

可见,当孩子占有欲望非常强烈时,父母千万不要忽视孩子的这种病态心理,不要认为这是孩子的本性。就像前文所说的那样,之所以发生这种情况,是因为孩子的自然能量被转移了。

父母们应尽量不要让孩子依附于某种物品,不然,当孩子变得贪婪和自私之后,就很容易丧失自我。倘若孩子一直处于厌倦的环境中,那他会感觉失望,这种孩子缺乏独立、缺乏智慧,甚至会产生畸形的念头。

解决：教会孩子与人分享

当孩子具有强烈的占有欲望时，对于孩子的成长是非常不利的，所以，父母应当教会孩子学会与人分享各种物品，逐渐让孩子摆脱强烈的占有欲。

让孩子"大方"起来

父母和老师需要通过游戏的方式，帮助孩子尽可能地学会与他人合作和分享，让孩子"大方"起来，懂得如何与其他的小伙伴分享自己的物品，以适应4岁以后的幼儿园集体生活。

为此，父母和老师可以通过创设各种游戏环境，来提升孩子的合作和分享意识。

创设游戏环境，让孩子在互相帮助中获得满足感。很多小游戏都可以体现出让小朋友互相帮助的功能，父母和老师应当多让孩子参与这类游戏，让孩子在合作和分享中体会到满足。

此外，在这些游戏中，孩子可以明白，要想分享别人的物品，需要以一种礼貌的方式获得；还可以帮助孩子认识到自己也是群体社会中的一员，完全可以对集体活动发挥作用。

不要一再强求孩子"慷慨大方"

当孩子不乐意分享自己的物品时，父母和老师不要强求，以免适得其反。生活中，一些父母劝孩子把手里的玩具或零食分给同伴，而当孩子不乐意，甚至眼泪汪汪时，父母依然百般劝慰，直至威逼利诱。事实上，父母不必强迫他们"慷慨大方"。

让孩子养成分享的好习惯

孩子一旦形成对事物的所有权概念之后，占有欲望就会开始强烈了。此时父母应该教导孩子学会分享，比如吃饭时可以故意和孩子抢着吃，购买物品时每一个人都有等等，渐渐地，孩子就能够在分享之中发现快乐，喜欢独占的心理

问题 15 "我要,我要,我还要"

也会越来越轻微了。

其实,对于 4 岁左右的孩子来说,与他人分享物品是一个很难完成的任务,需要孩子能够去理解别人的需要和满足。所以,我们才常常会注意到孩子经常会因为被要求去分享游戏材料而与别的孩子发生冲突。此时,父母应当怎样处理这种问题呢?

父母要尊重孩子,不能认为这是孩子的道德问题,而总是用"自私"、"小气"这样的字眼来教训他们。随着孩子的成长和与外界交流的增强,孩子自然会变得"大方"起来的。

同时,父母需要选择合适的机会帮助孩子学习在群体状态下的合作规则,让孩子知道,游戏是"在规定的限制范围内的自由活动"。

此外,父母还可以参考以下几点对待孩子占有欲的方法:

1. 让孩子知道自己的物品完好无损

如果其他的小伙伴想用孩子的玩具,父母可以通过某次玩具往来的比较,让孩子知道自己手里的物品到了别人手里还是那个样子,完好无损。

如果孩子想要别人的物品,明明家里有,可他偏要别人的,这时,父母不要太强硬,而是在接受了别人的东西后和自己家里的作对比,让孩子自己感知两者其实是一样的。

2. 要引导不要压制

很多时候,压制会让孩子产生"逆反心理"。因此,在孩子想要他人的物品时,父母可以想办法使他回忆起曾经吃过或玩过这种东西,淡化孩子的强烈需求感。

3. 转移注意力

当父母难以满足孩子的要求时,可以采用转移注意力的办法,比如让孩子看动画片等等。

4. 试用交换法

交换玩具或食物可以满足孩子的好奇心,还可以防止孩子独霸和占有欲的产生,小朋友交换着玩,使双方都受益。

解决难倒父母的36个问题

4个选择,简单评估孩子的控制水平

1. 当孩子在饭桌上提出"我想要一个游戏机"的要求被拒绝之后,他当时的反应是
   - A. 耍赖,哇哇大哭
   - B. 翘起嘴巴,拒绝继续吃饭
   - C. 平静地问原因,并表示等下再谈

2. 家里来了一个陌生人,孩子当时正在客厅里玩玩具,他当时的反应是
   - A. 不肯叫人,只顾自己玩
   - B. 赶紧躲回自己房间去
   - C. 叫人,并配合回答客人的问题

3. 孩子在幼儿园里做游戏的时候输给了别的小朋友,他当时的反应是
   - A. 乱扔东西,恨赢的人
   - B. 伤心地哭了
   - C. 不开心,但马上笑了,觉得下次能表现得更好

4. 父母原本和孩子约好周末带他去最喜欢的游乐园,但临时有事,不得不延期。当父母把这个决定告诉孩子时,他当时的反应是
   - A. 激动地大喊"不行",责骂父母是"骗子"
   - B. 非常失落,低下头不理父母
   - C. 有些失望,但向父母表示"我能理解"

如果你的选项大多为"A"或"B"的话,表明你的孩子尚未形成较好的内部控制,缺乏应对挑战和压力的有效策略,需要父母加以特别关注。

如果你的选项大多为"C"的话,说明你的孩子已经能够自如地控制强烈的情绪,学会了"耐心地等待"、"冷静地询问"、"大方地交流"、"宽容地体谅",并懂得适时进行自我激励与鞭策。

问题 16

"这是1，1、2、3、4的1"

疑问：孩子太小，记不住

很多父母都有这样的烦恼，就是对孩子说了一些知识点之后，孩子总是记不住。

"来，孩子，跟我念，1、2、3、4……好的，你自己念一遍……你怎么又忘了，再跟我念一遍……"

妈妈指着"1"，问孩子怎么念，孩子却说不出来。妈妈很无奈地说："这是'1'，1、2、3、4的'1'，记住了吗？"孩子还是一头雾水。

李女士也有类似的烦恼。她的儿子今年快4岁了，却认不出几个字。例如"人"、"大"、"手"、"小"、"上"、"水"、"木"等等这些简单的文字，李女士不知教了多少遍了，可孩子就是记不住。

然而，李女士还是不厌其烦地教孩子一些简单的文字。有一次，已经经过了好多天的训练，李女士就想考考儿子，但儿子只认出了"人"和"手"，李女士很无奈，依然默默地教孩子："这是'水'，妈妈做饭用的就是水，你平常喝的也是水……"

很多父母抱怨,耐心地教导孩子,孩子却总是记不住,是因为孩子太小吗?

心理:启蒙教育时控制自己的"废话"

由于受到年龄等方面的限制,学龄前的儿童总是记不住。因此,父母在教育孩子的时候,应当尽量控制自己的"废话"。

传授知识时不能有太多"废话"

"这是'1',1、2、3、4的'1'","这是'水',妈妈做饭用的就是水,你平常喝的也是水","你哭什么呢,我又没有打你,况且是你自己做错了,谁让你欺负其他孩子了,真是的。"

……

父母对孩子的期望很高,希望孩子将来能够出人头地,甚至高人一等,不仅父母有面子,孩子也能过上富足的生活。

基于此,很多父母在教育孩子的时候,总是会耐心地、不厌其烦地运用各种不同的教育方式,让孩子懂得一些简单的知识,一遍记不住,再说一遍,两遍不行,那就第三遍……

然而,幼儿专家认为,父母的这种教育方式并不妥当。

学龄前的儿童由于受到年龄的限制,其理解能力比较低,注意力集中的时间也比较短暂,一般只能坚持十几分钟,很难接受父母那种"排山倒海"式的批评以及"喋喋不休"式的教导。

因此,在给学龄前儿童传授知识时,语言要非常简洁,让孩子"一听了然"。相反,使用冗长、复杂的语言,往往会使他们感到困惑。

幼儿专家建议,父母在给学龄前儿童教授知识点时,要控制自己的"废话",不要一味地不厌其烦地说教。比如,在孩子看到数字或颜色时,只需简单地告诉他们具体数字或颜色,先让孩子"对上号",然后再考虑如何深化,没必要说上一大堆。

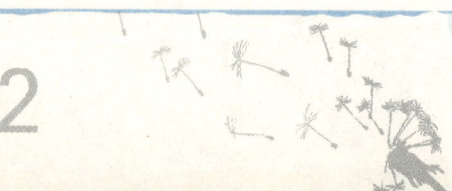

问题16 "这是1、1、2、3、4的1"

孩子哭闹时不能有太多"废话"

或者为了一件玩具,或者为了看动画片,或者受到其他孩子"欺负",或者父母没有带孩子到动物园,或者父母答应给孩子买衣服却没有实现,或者父母不带孩子一起出门……当孩子碰到类似这些事情的时候,他们就很容易哭闹,这恐怕是很多父母最头疼的事情了。

心理专家表示:"孩子哭,一般是因为他们的情绪需要得到宣泄,等孩子哭完了,也就万事大吉了。"学龄前儿童缺乏理性,很难用所谓的"道理"说服他们,也很难给他们作出合乎逻辑的解释。

由此,他们建议,孩子哭闹时,父母可以采用以下几个步骤:

首先,告诉孩子"我知道你很难过";其次,告诉孩子"如果你难过,就哭吧";最后,告诉孩子"如果你哭的话,我会陪着你的"。让孩子体会到父母的宽慰和理解,并让他们知道,不管遇到什么事情,父母会一直陪在他们的身边,孩子的心情就会平复。

批评孩子时不能有太多"废话"

"你怎么回事啊"、"你怎么又犯了"、"我告诉你多少次了,你为什么总是记不住"、"真是受够了"……当孩子犯错的时候,父母会用这样的"常用语"批评孩子。

其实,父母的这种教育方式只是宣泄自己的愤怒,既不能改变孩子犯错的事实,也不能帮助孩子改正缺点。

专家说,对孩子的一味指责,只会使孩子觉得"我不够好",时间一长,孩子势必会产生恐惧和自卑心理,难以获得"成长的能量"。专家建议,在批评孩子时,一定要把孩子和事件隔离开,不能一味说"你这不好那不好",而应该说"你不可以做这样的事"或者"你这样做不对"。这样,才可以使孩子明确知道自己错在哪里。

父母对孩子的爱毋庸置疑,但是爱需要合适的方式,为了孩子,请控制自己过多的废话。特别是在孩子犯错时,不应一味地倾泻自己对孩子的不满情绪,而应该用最简单的语言,让孩子知道错在哪里。此外,父母在和孩子沟通的时候,可以适当地蹲下来,让孩子感受到父母对自己的尊重。

解决：利用游戏完成启发式教育

针对学龄前儿童总是记不住东西的问题，父母和老师可以采取在游戏中完成启发式教育的方法，让孩子在各种游戏中学会各种知识。

"人的内心里有一种根深蒂固的需要——总想感到自己是发现者、研究者、探寻者。在儿童的精神世界中，这种需求特别强烈。但如果不向这种需求提供养料，即不积极接触事实和现象，缺乏认识的乐趣，这种需求就会逐渐消失，求知兴趣也与之一道熄灭。"

——著名教育实践家和教育理论家苏霍姆林斯基

苏霍姆林斯基的这段话，道出了让孩子自己思考、研究和发现的重要性。的确，在孩子的生活和学习中，我们应当采用启发式的教育方法，启发孩子自己思考和发现，这样孩子才能更快、更好地记住知识点。那么，父母或者老师应当如何实施这种启发式教育方法呢？

先有精心的预设，才有精彩的生成

为了保证提问的有效性，父母和老师应当事先精心设计问题。以"灰姑娘的故事"为例。

父母或老师在给孩子讲完灰姑娘的故事之后，可以问孩子"你们喜欢故事里面的哪一个人物"、"不喜欢哪一个人物"、"为什么"这些比较普遍的问题。

还可以问孩子："如果你们当中有人觉得没有人爱你，或者像辛黛瑞拉一样有一个不爱她的后妈，你们要怎么样？"这样的问题就比较带有挑战性了。

普遍性的问题能让孩子找到表现与展示自我的机会，而具有启发性的问题能引发孩子思考，这样的提问就给了他们较大的思维空间。所以父母和教师设计问题时，要注重多样性，把普遍性的问题和挑战性的问题结合起来。

问题16 "这是1, 1、2、3、4的1"

重视孩子的创造性培养

父母应当重视培养孩子的好奇心和冒险精神,鼓励孩子有独立的想法。为此,父母可以经常带孩子到科技馆去借阅图书,做各种创造性游戏,开发孩子的想象力。

父母也要重视对孩子动手能力的培养。比如,给孩子做各种组装玩具,鼓励孩子从不同的角度去拼装各式各样的玩具模型,加强孩子的动手能力和创造性。小孩子具有好动的天性,比如在墙壁上乱画,拿剪子或刀子在书本、衣服等物品上乱剪乱划,这都是孩子学习、探知世界的表现,不能阻止。

就算孩子把一些玩具甚至家具损坏了,也不能批评孩子,只要事后耐心地指导孩子的操作技巧和知识就可以了。

培养孩子的习惯和气质

在美国,父母们对孩子从小进行的习惯和气质的培养很值得中国的一些父母借鉴。

美国是一个重视儿童、重视教育的国家。在美国长大的孩子们大多都富有创造性,也比较懂得遵守制度和法律。此外,美国的孩子对父母并不会战战兢兢、唯唯诺诺,更不会以无理或者粗暴的态度对待父母,而是以平等的角度和父母进行沟通,可以说,他们既不是家里的"小皇帝",也不是家里地位低下的"奴隶"。

在送孩子到幼儿园或者接孩子回家这方面,美国父母和老师也做得很好,为孩子树立了榜样,孩子受到这样的启发,自然也就能够很快地学会各种礼仪了,对孩子能力的提升很有帮助。

每天清晨,父母们送孩子的车进入停车场后,不必停车,只需排队等候即可。当车子停在校园门口时,老师已经等在那里了。父母可以不必下车,老师会亲自打开车门,接孩子下车,并询问带的东西是否齐全,询问父母是否还有什么需要嘱咐,然后让孩子和父母道别,关好车门,父母就开车走了。最后,孩子在老师带领下来到教室,见到班上的阿姨,孩子要先问候阿姨,然后才自己去玩。

就是在这样的环境中,孩子亲眼目睹、亲身体会了昂首挺胸的姿势、干净的穿戴和彬彬有礼的讲话方式。这种每天一次、从不缺少任何环节的"游戏",再没有规矩的孩子,也能学会说"老师早"和"爸爸妈妈再见"了。

启发式教育是受到很多教育专家推崇的教育方法,父母应当提升自己的认识,关注孩子思考和发现的心理,运用启发式的教育方法引导孩子走向成功。

大家早就知道"智商"一说，如今人们口中多了"情商"一词，其实，对于孩子们来说，还有"玩商"，也就是孩子对玩耍的参与及收获。提高"玩商"让孩子更聪明。玩耍的益处：每个孩子都喜欢玩具，每个孩子都爱玩。你还记得自己孩提时代玩耍时的样子吗？那时，你会在得到一本新书、一个盼望已久的新玩具时欣喜若狂；你会对自己的发现兴奋异常，有一种强烈的、想学习的渴望。玩耍和玩具可以为儿童打开知识的大门。

提高"玩商"让孩子更聪明

儿童通过玩耍来探索世界，这是他们身上天然存在的学习驱动力。父母亲要学会鼓励孩子聪明、巧妙、愉快地玩，发展孩子的"玩商"，这不仅能帮助孩子多学知识，还能使他们愉快地生活，与别人和谐相处。

尊重孩子的玩耍　父母亲通过观察孩子的玩耍，或与孩子一起玩，能了解孩子的想法和感觉，了解他们如何表达兴奋和沮丧，观察他们的忍耐力、好奇心和创造力。

看书可以让孩子增加知识，提高想象力和理解力。

玩蜡笔和彩色笔可以开发、培养孩子的艺术兴趣和才能。

玩内容积极的电脑游戏可以提高儿童的竞争精神。

玩娃娃和长毛绒玩具可以让孩子练习交谈，锻炼照顾别人的能力。

父母要与孩子一起步入"玩耍旅程"，以加深你和孩子的感情，促进孩子的发展，让我们高高兴兴地玩吧！

问题 17

"别动，小心摔着"

疑问：孩子真的小吗

很多父母认为学龄前的孩子年龄小，担心他们没有完成事情的能力，于是对孩子严加保护，很多事情都不让孩子去做。

"孩子太小了，我可不敢让孩子自己一个人做一些危险的事情，像一个人上学、过马路、烧水洗脚等等，我肯定要帮忙的。"

一个阳光明媚的周末，妈妈带着小敏到商场买东西，买完之后，她们打算回家，但是她们必须走过马路，到对面坐公交车。

在十字路口等绿灯的时候，妈妈和小敏都是兴高采烈的。接下来，绿灯亮了，旁边的人群也开始走动了，小敏就想跟着人群小跑，刚一抬腿，妈妈就把她拽住了说："别动，小心摔着。"然后拉着她的手一起走到马路对面。

到了对面的公交站牌，妈妈对孩子说："以后出门别自己乱跑，你还小，万一摔着了或者被车刮下，那怎么办？"

小敏无奈地低着头，随意地应了一声，但心里好像不太高兴。

孩子只有四五岁，还很小没错，可他们真的没有能力自己过马路吗？没有能力做一些简单的事情吗?

心理:父母帮太多,孩子自卑感愈强

不可否认,父母担心孩子的安全而让孩子远离危险、不让他们做一些危险的事是正确的,但是,如果父母帮助孩子太多,虽然出发点是为了孩子,却会让孩子的自卑感越来越强。

事实上,孩子的能力是很强的,至少不像一些父母想象的那样弱小,他们可以支配自己的行动和情感,可以做出许多超出我们意料的事情。

幼儿园园长来视察教师的工作,刚好来到了一个孩子跟前,询问孩子能否拼出"幼儿园"几个字。

但这个孩子竟然好像没听到园长的话一样,仍然很平静地继续玩着自己手中的玩具。

老师当然希望这个孩子能回答园长的提问,暂时停止玩手头的玩具。然而,孩子并没有因为她是园长就立刻响应。

可是过了一段时间,奇迹发生了!只见孩子在完成手中的事情后,把玩具放回纸盒,然后从容地拿出字块拼出了"幼儿园"几个字。

这个孩子很小,只有3岁,但已经可以控制自己的行为和情感了,而且还非常自信。

从这个例子中,可以看出孩子是具备一定自己动手解决问题的能力的。然而,大多数孩子的潜能都没有得到挖掘。

许多孩子一直处在父母的控制和压制之下。父母不仅一直在低估他们,而且还随时准备给予他们打击和压制。在父母强大压力的阴影下,很多孩子无法自由支配自己的行动和情感,也不具备一些出乎意料的能力,他们感觉自己一事无成,孩子的自卑感油然而生。

一位专家说,经过长时间观察之后,我们发现,父母在对孩子成长中取得的进步虽然表示赞赏,但与此同时也总是表现出不信任。很多父母不相信孩子有

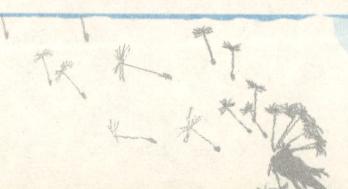

问题 17 "别动,小心摔着"

把事情做好的能力,正如上面案例中那个园长不相信小孩能拼出"幼儿园"几个字一样。

而一个人自卑的最大根源就是,他觉得自己没有能力做某些事情。

我们可以想象,一般情况下,一个残疾人不会希望和一个身体健康、没有疾病的正常人一起进行某种比赛。同样地,一个普通人一般不会选择跟职业拳击手对决。因为在比赛和对决之前,那种不能获胜的感觉已经使他们丧失了比赛和对决的勇气和信心。

当父母看见孩子端着一杯热水,就会担心孩子被烫着或者杯子被摔破,然后立即从孩子手里夺走杯子。这时候,孩子心中无疑会有一种挫败感,他们会认为自己是个无能的人,会怀疑自己在父母眼里,连一个杯子都不会拿,开始相信自己没有能力去做某些事情,于是越来越自卑。

此外,"你不能做那件事,即使只是尝试一下对你也毫无意义。""你这个傻瓜,你在做什么呢?你难道不知道你不能做那件事吗?"父母这样的言语不仅阻碍了孩子的尝试行为,打断了他们行为的连续性,而且还是对孩子的一种不尊重的表现。这种轻视会使孩子感到自己很软弱,从而压抑了孩子的行动欲望。

因此,如果父母责备孩子没有勇气去做某件事,就应先责备自己,因为也许正是他们的某句不经意的话影响了孩子。一些父母对孩子所做的许多事情都影响了孩子自我的成长,让孩子的内心开始萌发出自卑感,然后他们开始相信自己是笨拙和无能的,自卑感就这样逐渐长成了参天大树。此时,这个孩子就会陷入冷漠和恐惧之中,最后自卑感无处不在。

相反,如果父母能够鼓励和赞许孩子,那孩子就会感觉自己就是自己行为的主人,心中自然也没有自卑感,对于一切力所能及的活动也敢于尝试,能够每天都充满激情地做着事情。

一个心理健康的孩子,对自己的行为总是非常有把握,并充满自信心,即使父母和老师不在身旁,他们也一样能够聚精会神地做事,让内在的完美个性得以充分展现。父母不应当凡事都帮助孩子,使孩子没有做事的权利和能力,直至自卑。

解决：相信孩子是个小大人

孩子年龄小，能力不低，这是事实，父母一味地帮助孩子，只会导致孩子自卑心理的产生，父母正确的做法是，相信孩子是一个小大人，他们有能力做自己的事情。

文文今年4岁，只要家里来客人，她总喜欢在客人面前表演跳舞或者唱歌，而爸爸却总说文文瞎闹；当文文想帮助妈妈浇花草时，妈妈也总是说："你拎得动喷水壶吗？你还没有这壶水重呢，快去玩吧！"

此后，慢慢地，文文父母发现孩子越来越不喜欢动脑筋了，而且不管做什么事情都要问妈妈"这样行吗"、"那样行吗"。比如，文文比较喜欢玩拼图游戏，也会要求妈妈一起玩，可就算拼对了，也总得问妈妈："妈妈，这样拼对吗？"

文文妈妈真苦恼，这孩子怎么回事？做事对不对都不知道，一点儿主意都没有，这可怎么办呢？

要相信孩子的能力

一位幼儿老师说："不管是父母还是老师，对孩子应当要适当放手，相信他们能行……孩子在游戏和活动中，出现一些问题和矛盾，再正常不过了，父母和老师别小看孩子们自己的调解能力，要给予他们充分的理解和信任，给予他们自己解决矛盾的机会，相信孩子一定能找到解决问题的办法的……还要让孩子们适当地自己去处理一些事，既满足了孩子们想独立的愿望，又培养了他们各方面的能力，何乐而不为呢？"

在大多数孩子都穿上毛衣的时候，佳佳却只是穿着短袖校服外加一件长袖校服。很多人问佳佳妈妈："给孩子穿得太少，会不会冷？"她总是回答说："他冷了自己会穿衣服啊。"

一些父母对于佳佳妈妈这种回答或许会觉得不可思议，怎么不管孩子的身体呢？其实完全不是。

问题 17 "别动,小心摔着"

佳佳妈妈从孩子小的时候就开始锻炼他少穿一点。她认为,首先,孩子的体温比大人高,而且孩子总是动来动去的,很难安静下来,穿得太多就容易出汗,如果没有及时擦干反而容易感冒;其次,孩子穿得太多的话,上体育课或者做运动也很不方便,影响孩子参与体育锻炼;最后,她曾听医生说过,锻炼皮肤,能增强皮肤调节体温的功能。

根据这些事实,佳佳妈妈就放手让孩子自己决定穿什么、穿多少。渐渐地,孩子自己知道什么季节该穿什么,什么样的天气该穿几件衣服了。

虽然在这期间,佳佳有时会穿得多了点,热了;有时会穿得少了点,冷了。但经过几次过热或过冷的失败的尝试之后,佳佳就培养了独立生活的能力,自己管理自己的能力也越来越强。

鼓励孩子多做尝试

父母不仅要相信孩子的能力,并且还应鼓励孩子去尝试。而不是一看到孩子玩游戏,就粗暴地干涉;甚至人为地给孩子制定一个活动计划;不管孩子是否同意,就将孩子拉着一起散步。

靖靖已经快 6 岁了,在妈妈教过他几次做饭之后,很爱做饭,经常帮助妈妈做家务。

有一天,靖靖父母都不在家,只有靖靖一个人。快 6 点的时候,靖靖妈妈来不及做饭了,于是她就大胆地打电话回家,询问靖靖能不能自己做一次饭,不用说,靖靖非常高兴地答应了。

当靖靖妈妈回到家后,饭做好了,还香气腾腾,她对孩子说:"靖靖,你真棒,不仅会自己做饭,还做得这么好吃。"

晚上,靖靖爸爸回到家听说这件事后,惊讶地对孩子说:"真的?爸爸以为自己很了不起,10 岁就会开油锅炸油条,没想到,你比老爸还厉害,6 岁就能煮饭!你真了不起,老爸要向你学习!"

靖靖听了之后,非常开心,还神气地说:"厉害吧!以后我煮饭好了。"相信靖靖以后肯定能够独立处理更多的事情,自信心也定会越来越强。

父母容易误解孩子 de 几个细节

孩子们一些傻气的做法，需要父母细心地体会，不要轻易评判，否则就会误导孩子。

追求完美不是笨

生活镜像：妈妈叫孩子把小凳子搬来，孩子准备双手去搬，姥姥一只手拿起凳子腿递到孩子手里，孩子不乐意了：

> 不是这样搬的。

说着，孩子把凳子放回原来的地方，双手搬起来。姥姥笑着说："这孩子可真笨。"

专家分析

这样的孩子不是笨。每个孩子都会经历"完美敏感期"，这段时期的孩子做事情讲究完整性。一旦他们设想好的东西没有按照自己的想法实现，孩子就会感到不满。这时家长在给予必要的指导时，不要抱有过多的批判。

实施破坏不是错

生活镜像：孩子常常故意搞坏家里的物品，还把自己的玩具拆得乱七八糟。这让父母非常头疼，于是大声指责孩子，试图阻止他这种破坏行为。

专家分析

其实，孩子玩弄物品是一种学习。所以，父母最好不要阻止孩子探索事物的好奇心。如果父母经常粗暴地阻止孩子的探索，时间长了孩子就会渐渐地失去探索事物的动力。

问题 18

"妈妈，把它拿开"

疑问：胆小，是孩子天生的吗

"我的孩子今年6岁，可胆子非常小，害怕黑夜，担心床底下有什么可怕的动物跑出来。每次睡觉要么要开着灯，要么要妈妈陪着，这可怎么办啊？"

"鹏鹏在幼儿园是出了名的胆小，很多孩子都敢爬到那些游乐设施上，可鹏鹏就是不敢。有一次，他被一些男同学簇拥着到了上面，居然大哭。"

现实生活中，确实有很多孩子胆子非常小，不敢触碰各种古怪的动物和新鲜事物，甚至睡觉不让关灯，也不让拉开窗帘，担心黑夜中会有什么吓人的东西从窗户外跑进来。

爱爱妈妈就对孩子这种胆小的心理忧心忡忡。爱爱5岁了，按理说应该比较大胆了，可事实恰恰相反，和其他孩子相比，爱爱可以说是"胆小鬼"了。

有一个周末，爱爱躺在沙发上看电视睡着了，醒来的时候突然大叫："妈妈，快把它拿开，快啊！"吓得妈妈赶紧从厨房跑出来，问："出什么事情了，拿开什么啊？"

爱爱指着衣服上的一条毛毛虫对妈妈再次哭喊："把它拿开！"

面对孩子这样的习性,很多父母也很无奈,孩子胆小的习性是天生的吗?

心理:恐吓,让孩子对未知害怕

心理学家研究表明,孩子与生俱来惧怕两种东西:一是古怪、突然、音量大的声音;二是当身体失去支撑时,害怕摔倒。除此之外,孩子其他的害怕心理都是后来形成的,其中父母的恐吓或者遇事大惊小怪是他们产生害怕心理的主要原因。

当孩子任性、不听话、哭闹的时候,父母为了能让他们听话、安静下来,在情急之下,经常会使用连哄带骗、恐吓孩子的手段迫使他们就范。比如,一些父母在教育孩子时总爱用有鬼、狼来了、老虎来了等等之类来吓唬孩子,达到快速解决问题的目的。

不可否认,父母这样做的效果确实是立竿见影,于是父母们频频使用。然而,一些父母没有意识到,这样的"恐吓"虽然解了一时之需,却不利于孩子身心的发展,容易让孩子形成害怕的心理。

同时,父母的恐吓还强化了孩子对一些未知事物的恐惧。孩子心智不成熟,他们有时不会明白父母只是为了让他们听话而说一些恐吓的话,并非真的不要他们、不爱他们。

可见,这种伤害孩子身体健康的恐吓教育是愚蠢的,是不可取的。

医学研究表明,恐惧对人体健康的危害很大,强烈的恐惧气氛和突发的恐惧事件,会让人的神经中枢受到强烈的劣性刺激。

对于处于生长发育阶段的儿童,身体的各个组织器官功能都不完善,也较脆弱,即使没有出现危急症状,但因其抵抗恐惧的能力较弱,通常有恐惧情绪滞留,使内分泌功能受损,导致发育缓慢、语言障碍、听力视力下降和消化系统的一些毛病等等。

所以,父母应当明白恐吓是一种愚蠢的教育孩子的手段。从长远来看,它并不能解决孩子不听话的问题,反而会伤害孩子的心灵。在我们看来不足以引起恐惧或害怕的恐吓性话语,却很可能使孩子产生恐惧心理。以下是一些妈妈的心声:

问题18 "妈妈,把它拿开"

"自从发现月月害怕听鞭炮声,月月奶奶就经常在她不听话的时候发出狼叫的声音吓唬她。这让我想起我的童年,当时妈妈请了个保姆,保姆经常拍墙吓我。到现在我还会因为突然冒出的一个人或者身后发出的一点声音吓得大叫……我不觉得'恐吓教育'有什么好的。"

"其实我心里很清楚不应该使用恐吓教育或者是威胁教育来对待孩子,但是对孩子采取恐吓、吓唬等教育方式时,其实是自己内心最焦虑、最无助的时候,只想让孩子听话。"

"在日常教育中,我们都在不由自主地对孩子使用着这样的方法:'如果你再不听话,妈妈就去上班了,不理你了。'孩子每次听到这句话都会很乖,于是我不由自主地经常这么做。但'恐吓'的作用是暂时的,而且还让孩子体验着恐惧,影响着孩子的安全感……不知道等我老了,她会不会跟我说:'妈妈,你再不听话,我就不管你了。'"

"我平时都很注意不去用一些恐怖的小动物或人、事、物吓唬孩子。但有时候孩子耍无赖、不听话的时候,还是忍不住说:'你要是再这么不乖的话,妈妈下次就不带你玩了。'这时候孩子就会乖乖就范了,感觉这也有点恐吓的意味,但当道理讲不通的时候也没有其他更好的办法了。"

"经常会听到妈妈对孩子这样说:'你不听话,妈妈就不爱你了,不要你了。'于是孩子会认为:只有顺从,妈妈才会爱他。甚至还会认为:自己和母亲是利益关系。在这样的环境下长大的孩子,其性格容易变得冷漠,恐惧之后缺乏安全感。母亲应该是宽容的,给孩子美好的成长动力,孩子就会回报我们更多的欣慰和幸福。"

总之,父母经常性的恐吓让孩子产生了恐惧心理,会使孩子心理产生一系列的变化,对孩子的成长极其不利。然而,当孩子已经胆小怕事的时候,父母应当怎么做呢?

解决:让孩子走进害怕的区域

炎炎今年4岁了,虽说是个男孩,却胆小怕事。出去走亲戚,从不喊人;不喜欢和其他小朋友玩,一直跟在我的后面;电视里放的动物世界如果有血腥场面,他马上会说"我不要看这个";到了动物园,他好像都不感兴趣;看到高大的骆驼他都不敢走过去,嚷着要回家;看到长颈鹿吃树上的树叶,他也害怕……

面对这样胆小的孩子,父母应该如何做呢?

1. 给孩子一个宽松的成长环境,不要批评孩子,多引导和鼓励,让孩子感受到温暖和爱。

2. 经常陪伴孩子玩耍,平等地对待孩子,做他的朋友。

3. 先让孩子和自己熟悉的小伙伴玩耍,让孩子慢慢适应,不要急于求成,让孩子在和父母、熟悉的小伙伴的交往中学会慢慢建立自信。

4. 不要批评孩子是"胆小鬼"。孩子通常不能自我评价,如果孩子感觉自己被人视为"胆小鬼",有可能就不愿再去尝试那些"胆大"的做法而维持"胆小"的状态。

5. 不要忽略孩子的感受。一些在父母看来简单的事情,对孩子来说却非同小可,父母要耐心讲解。当然孩子不一定听得懂,但是讲解本身会让他感觉危险的程度在减弱,起码在这个时刻是安全的。

除了以上这些,最重要的是,父母要让孩子走进他们害怕的区域,以此培养孩子的胆量。

鼓励为主,锻炼孩子的胆量

事例一:王女士带着4岁的兵兵到游乐场玩,里头各种玩具很多,孩子也多。很多孩子见到玩具马上就跑过去,拣自己喜欢的玩具玩起来。可兵兵却搂着妈妈的腿,眼睛盯着地毯上的好玩的玩具,不敢上前去玩。

王女士开始鼓励孩子大胆尝试,之后兵兵慢慢地靠近玩具,而且只玩离妈妈最近的几种玩具,并且还不放心地边玩边不时地回头看看妈妈。过了一会儿,工作人员过来检查,兵兵看到陌生人进来后,下意识地放下自己手中的玩具,马上跑到妈妈身边,不敢再玩了。

王女士再次鼓励孩子:"没什么好害怕的,他就是担心你的安全才来到这里的,你放心去玩,那么多孩子不都在那吗?"兵兵终于再次走了过去……

问题 18 "妈妈,把它拿开"

事例二:勤勤快5岁了,性格活泼,却害怕黑夜,特别是打雷、下雨的夜晚,甚至不敢一个人呆在房间。每当这个时候,勤勤妈妈总是会鼓励她说,"怕什么"、"不要怕"、"一会就好了",尽量鼓励孩子大胆。

此外,勤勤妈妈会不时地提供给她体验的机会。比如,在天气恶劣的晚上,故意让她到黑暗的房间取东西。开始孩子还不敢,但看父母站在身边,她也就放心了。经过多次的训练,勤勤觉得黑暗也不像想象的那么可怕了。

用事实让孩子不再害怕

和勤勤一样,小裴也很害怕黑暗和各种"鬼怪",比如晚上醒来小便,妈妈就得赶紧起来到客厅开灯,否则他是不敢走出卧室的。

后来,妈妈告诉他,"怕黑"就是人的脑子胡思乱想的缘故,是自己吓唬自己。而那些鬼神怪兽都是自己想出来的,或是人类自己编出来的,或者从别人嘴里听来的,实际上是不存在的。别人吓唬你没办法,可别胡思乱想自己吓唬自己。

不仅如此,小裴妈妈还在和孩子一起看《西游记》、《哪吒传奇》等动画片时,告诉他那些鬼怪妖魔实际上是不存在的,世界上没有妖魔鬼怪,故事和影视里的鬼怪妖魔都是编出来的。

另外,小裴妈妈还会让他独自呆在熄灯的屋子里。一开始是几分钟,然后十几分钟,半小时……渐渐地,小裴相信世界上没有鬼怪妖魔了,对黑暗的恐惧也就减少了。

总而言之,孩子害怕陌生人,害怕黑暗,等等,这些都是孩子胆小的表现。孩子的这种恐惧心理很大程度是因为父母经常恐吓孩子。为此,父母应当在平常锻炼孩子的胆量,鼓励孩子大胆走进自己害怕的"区域",利用各种方法或事实让孩子知道自己的担心都是多余的。

解决难倒父母
的36个问题

当孩子感到恐惧时,家长应该怎么办?

　　一个人若不知道害怕,就很容易遇到危险,但恐惧过多,也难以过正常的生活。让孩子克服恐惧心理的关键在于,帮助他们对引起恐惧的因素进行理性思考,具体的做法是:

当孩子 恐惧 时,家长怎么办?

　　1. 理解孩子的恐惧。三四岁儿童开始关注周围的世界,由此产生许多担忧和恐惧。这时候的孩子,经常无根据地对人或事产生惧怕心理。对此,家长应表示理解,并以轻松的语调与孩子谈论他害怕的事情。

　　2. 与孩子讨论他所惧怕的事情。如果孩子对现实生活中的事情(如地震、洪水、战争等)感到恐惧,家长可以针对这些事情与孩子进行讨论,告诉他在这样的事发生时有哪些措施可以保护自己和家人。

　　3. 如果孩子对幻想的东西产生恐惧,家长应明确告诉他这样的东西是根本不存在的。

　　4. 如果孩子在一段时间里经常害怕,但又说不出为什么,家长应耐心地倾听孩子的话语,从中找到困扰他的原因。

问题 19

"这个根本不是小朋友送的"

疑问：孩子说谎，差点被他蒙混过去

玲玲今年3岁，有一天到邻居莹莹家里玩，回来的时候手里多了一个布娃娃。玲玲妈妈觉得不对劲，就问玲玲说："你手中的布娃娃是从哪里来的呢？"玲玲瞪大着双眼说："是莹莹送的啊！"

晚上的时候，莹莹妈妈对玲玲妈妈说："莹莹最喜爱的布娃娃今天突然不见了，现在正闹着呢。我来看看是不是玲玲拿过来玩了。"

玲玲妈妈就来到玲玲的房间拿出布娃娃问莹莹妈妈："是不是这个？玲玲说是莹莹送给她的。这样，我和你一起过去问问莹莹。"

来到莹莹家之后，莹莹哭红着双眼一看到布娃娃就冲了过来，还说："是不是玲玲趁我没注意，拿过去玩啦？"事情已经一目了然了。

玲玲妈妈很生气地转回家，质问玲玲道："你说，那个布娃娃到底是怎么来的？"玲玲说："是莹莹送给我的。"玲玲妈妈更来气了，说："你说谎，根本不是莹莹送的……"

不止是玲玲，说谎是很多孩子常常干的事情，相信很多家长都曾领略过。可孩子为什么要说谎呢？

心理：说谎，孩子的第一个计谋

在心理学中，说谎是指在明知真相的情况下，故意对事实进行隐瞒、歪曲或凭空编造虚假信息以误导他人的行为。也就是说，说谎其实是人类本能产生的一种自我防御保护机制，是一种欺骗，而且是每一个人都会做的事情。

可以说从娘胎里出来，人就具备了说谎的"潜质"，因为说谎的基因已经"深种"在人的身体里，孩子当然也包括在内。

说谎是孩子的自我保护

父母们只知道发现孩子撒谎后去批判孩子，殊不知孩子说谎只是他们在面对成人攻势时所做的自我保护。

从这个意义上说，说谎也是具有价值的，说谎仿佛是出于生活与适当的"自然才能"。这种欺骗，不论是经常还是偶然，皆与孩子成心的自我维护相关。

晨晨今年3岁，那天在楼下看到一个同龄的孩子手里拿着一根枝叶条，晨晨就过去抢。晨晨妈妈看到后，马上过去把他们分开了，还轻声地对晨晨说："晨晨，这枝叶条是弟弟的，不能抢。"

晨晨却理直气壮地说："这是我的枝叶条。"

晨晨妈妈："这是弟弟在那边捡的，如果你要，你也可以去那边捡。"

晨晨不搭理妈妈。

晨晨妈妈接着说："如果你真的想要的话，你可以跟弟弟说：'你好，我想要玩枝叶条，你可以分一支给我玩吗？'如果你这样说，说不定弟弟就会把枝叶条分给你玩啦。"

然而，晨晨却仍然不死心，心里似乎也不平衡，他竟然说："弟弟是坏蛋，他打我。"

晨晨妈妈："晨晨不能说谎哦，刚才我可全看见了，弟弟可没有打你，你是不是生气了？"晨晨没说话跑开了。

在这个例子中,晨晨两次说谎,第一次说枝叶条是自己的,第二次说弟弟打他,但父母应当知道,晨晨两次撒谎的目的只有一个,那就是为了说服妈妈要回"自己的"枝叶条。

可见,孩子的说谎行为很多时候是为了保护自己和自己的利益,是为了应付父母对自己的"进攻"。

说谎是孩子的一个小计谋

平常在家里玩耍的时候,一不高兴,晨晨就会打下奶奶,这时奶奶就会说:"怎么打我啊,坏蛋。"这一招很快被晨晨学会了,上文中晨晨撒谎说弟弟是坏蛋就是实例。

有几次也是这样。当晨晨和妈妈在一起玩耍的时候,晨晨会突然说:"妈妈是坏蛋,怎么打我!"晨晨妈妈当时并没有多想,随意答道:"嗯?妈妈什么时候打你了?"接着,晨晨笑了,有些诡异,很开心。

还有,每次当晨晨和妈妈经过甜点店的时候,晨晨就会说:"妈妈,我肚子饿。"妈妈问:"你不是刚吃完饭吗,怎么又饿啦?"晨晨指着肚子说:"这里好饿,我饿死了。"晨晨不知道是不是习惯了,每次经过甜点店,都会说自己肚子饿了,晨晨妈妈也没有其他办法。

在上面的例子中,晨晨又一次撒谎,可以说是一次小计谋。晨晨看到糕点店,就骗妈妈说肚子饿。

相信很多妈妈看到这里,都会为晨晨的可爱和聪明会心一笑。的确,孩子的说谎行为有时候确实是他们的一种计谋,是为了达到某种目的。

然而,说谎毕竟是不良习惯,父母应当想办法让孩子改掉这个不良习惯。那父母应当如何做呢?

解决:孩子想用谎言掩饰什么

这一节主要讲在孩子的谎言背后到底隐藏了什么以及父母怎样处理孩子的这一些掩饰。

1. 取悦他人,夸耀自己

分析:部分孩子为了能够在父母心中有一个好的形象,有时就会用"讨好、奉承"的话来争取父母的好感。比如,有些孩子会对父母说:"爸爸,你是全世界最好的!""妈妈,你是最美的妈妈!"而部分孩子为了能够博得伙伴的好感,有时候也会夸耀自己,比如,"我家有好多故事书和玩具。"等等。这些都是孩子说谎的现象。

建议处理方式:父母应在当时表达自己被赞美的感受,进而引导孩子辨别真诚、赞美和奉承的区别。

2. 丰富想象力使然

分析:学龄前的儿童正处于对各种技能的学习阶段,因此在各种游戏特别是角色扮演游戏中,他们会运用各种假设性的话语,比如,说自己是哪个人的爸爸或妈妈,或者自己做过什么事情,甚至和父母说自己要和某一个小伙伴结婚、生孩子等等。

建议处理方式:父母不用过于紧张,只需聆听孩子。

3. 逃避惩罚

分析:其实,孩子之所以有这种为了逃避惩罚而说谎的现象,主要是因为父母对孩子过于严格,经常性地惩罚孩子造成的。当孩子受到父母的责罚之后,心里总会有一种恐惧感,害怕再一次受罚,于是当他们犯错或者说出事情真相时,就担心受到惩罚,自然就开始说谎了。

建议处理方式:父母应当认识到,孩子说谎是孩子在恐惧心理支配下所采取的一种自卫方式,父母应当顾及孩子心理影响,而不是一味地指责孩子。

4. 逃避责任

分析:父母可能会经常听到孩子说"不是我做的"这样的话,这是孩子不敢承认的表现,是一种逃避责任的自然反应。

建议处理方式:此时孩子会分辨好坏,应当乘机培养孩子的是非观念,让孩子知道承担责任。

5. 只是模仿而已

分析:部分父母经常在孩子面前说谎,孩子很快就能够模仿。比如,父母对孩子的承诺总没兑现,会被小孩视为"骗人"。久而久之,就会使孩子产生"说谎不为错"的错觉。

问题 19 "这个根本不是小朋友送的"

建议处理方式：父母不能因爱面子而将错就错，要敢于在孩子面前自我批评，让孩子能明辨是非，更能培养孩子勇于自我批评的好习惯。

从以上的这些分析中，可以总结出较系统的处理孩子说谎的办法：

首先，父母要以身作则。父母是孩子模仿最多的人，父母的一言一行是孩子学习、模仿的依据，因此，父母要以身作则，为孩子树立诚实的榜样。

其次，要先听孩子说话。当孩子说谎时，父母要先学习如何平稳自己的情绪，别动不动就大声责备，然后仔细聆听，了解孩子谎言的动机，以及谎言的背后是否有任何情感或需要不能被满足。

再次，不要试探孩子。父母明知道孩子是在撒谎，还故意问他："你是不是在说谎？"如此的应付方式只会为孩子多增加一个撒谎的机会。孩子会逐渐不信任父母，甚至怀疑父母是否真的爱自己。

最后，父母要就事论事，不要一味地批评孩子，有时还要给予鼓励。可以告诉孩子："如果你说出当时发生的事，妈妈会很开心，你可以再想一想，想得更清楚一点好吗？"要让孩子知道即使这次他犯错，但爸爸妈妈很高兴他能有勇气承认，而且相信他下次不会再重犯。

总之，父母不能把孩子的说谎行为看成是不可逆转或者不可原谅的现象，于是严厉批评和惩罚，要努力了解孩子说谎的动机和原因，具体问题具体分析，才能让孩子逐渐改正说谎的习惯。

解决难倒父母的36个问题

因地制宜地纠正**说谎**

事件：一个孩子看着同学手上拿着新买的手枪，羡慕不已，却说："告诉你，我爸爸买了一个比这个还漂亮的冲锋枪。"

专家分析

这种说谎现象是无意的，只是为了满足自己的虚荣心而已，是攀比心理作祟。

支招：当父母碰到这种情形时，应该多表扬孩子的优点，尽量满足孩子强烈的虚荣心。

同时，要让孩子知道不能对他人撒谎，要履行对别人的承诺，做错事要及时改正。

问题 20

"这孩子被宠坏了"

疑问：娇生惯养是孩子的通病

如今，很多孩子没有什么生活技能，什么事情都不会做，全部依靠父母或者老师。

一位幼儿园老师说："我班里的大部分的孩子都不会自己做一些小事。一些小朋友吃完早餐之后，都不知道怎么清洗杯子和餐具；下课之后，桌子上的书本和玩具也都不会收拾，只能等着老师收拾。"

一位母亲也有同感："我的儿子今年4岁，不算小了，但是什么事情都不会做，早上起床要帮他穿衣服、叠被子，之后还要为他端水洗脸，最后喂饭、整理书包、送他上幼儿园。"

冬冬在幼儿园很霸道，什么事情都不能违背他的意愿，什么玩具都要他先玩，其他的孩子只能看着眼红。有一天，冬冬正在玩着一件玩具，看到老师又拿了一箩筐的玩具走进教室，他就把正在玩的玩具扔在一旁，第一个跑到老师面前，竟然抢老师手上的玩具。当老师说等下一人一个时，冬冬就不高兴了，依然要先拿，老师拧不过，只得先给了冬冬。可等老师发完的时候，冬冬对刚才那个玩具又没有兴趣了，开始抢其他孩子的玩具……

现在的孩子怎么会这么娇气任性呢?是被宠坏了吗?

心理:物质生活过于丰富的恶果

"昂贵的玩具、阔气的穿戴——这是通向严重后果的最初阶梯。"

——苏联教育家马尔库沙

在一个电视节目中,一些心理学家和社会工作者表达了对部分"富二代"的担忧。这里引用他们的例子:

一个已经染上毒瘾的富家子弟接受了一个采访,当被问到自己是怎样走上吸毒这条路时,他说:"没事干,吸着玩玩。"

心理师接着问他:"既然没有事情做,那为何不去找工作呢?"

他说:"找工作干什么?没必要啊,父母每个月给我的零花钱就好几万,我不需要找工作啊。"他甚至还反过来问心理师说:"很多人一个月拼命工作不也就是几千块钱工资吗?"

心理师试着再问:"那你年纪也不小了,还有很多事情可做啊,比如谈恋爱,总比吸毒好啊。"

他说:"恋爱?都不知道谈过多少次了,早就谈腻了,也都不爱谈了。我就是觉得没劲,才试试毒品的。"

林则徐曾经说过:"子孙若如我,留财做什么,贤而多财,则毁其志。子孙不如我,留钱做什么,愚而多财,益增其过。"这句话的意思是说,如果自己的子孙是贤良的,那么给他们钱只会让他们丧失斗志;而如果自己的子孙是愚笨的,给他们钱只会增加他们的过失。因此,无论子孙的能力如何,我都不把钱留给他们。

其实不只是一些富家子弟,随着现在生活水平的提高,很多家庭都为孩子提供了丰厚的物质生活,孩子被父母如此"供养"着,养成了娇生惯养的习性。可以这么说,部分孩子之所以娇气任性,很大程度上是父母为孩子提供了过于

问题20 "这孩子被宠坏了"

丰富的物质生活的结果。

几位幼儿园老师在谈到一些孩子娇生惯养的习性时感慨地说:

"那些娇生惯养的孩子总是会从其他孩子的手里抢物品,比如玩具。如果我拿某样东西给一个孩子看时,他们就会马上丢掉手中已有的物品,然后迫不及待地围住我;当我讲解完一种物品时,他们又会开始争抢起来……"

"其实,这些孩子对各种各样的物品并不是真的很感兴趣,对那些东西也并不是非常留恋,而总是挑挑拣拣,给他们的每一样东西,他们甚至连摸都没有摸,就扔在一边了……"

"也就是说,在很多情况下,这些孩子的这些行为是没有目的性的,但他们就是会满屋子乱跑,完全不在乎这样做会不会给其他孩子带来影响。有时候,他们会故意碰撞桌子,掀翻椅子,甚至用脚踩在给他们提供的各种物品上……"

"有时候,我总感觉我是一个失败的幼儿老师……这些孩子专注力很差,最多能在一项游戏上集中几分钟的精力……当一个孩子拿起一件物品时,其余的孩子也要这个东西;有时他们甚至会为了某样东西在地板上打滚,弄翻椅子……他们就好比是一群在山上乱跑的小羊,没有目的,这走走那走走,或者相互之间跟来跟去,偶尔争斗。"

这几位老师的经历基本相同,从中可以看出,虽然这些孩子在生活上很优越,但物质上的富裕很可能会带来精神上的贫瘠。

如此娇生惯养的孩子不会轻易被那些"花园中的小径、美丽的花朵和清幽的环境"所吸引,不会对那些让贫穷孩子着迷的事物感兴趣,也不会选择那些本应能满足他们需要的物品。他们散漫无力、缺乏秩序,在这个世界上很难找到自己感兴趣的东西,父母也因此觉得力不从心。

丰厚的物质生活和过分的溺爱,让很多孩子不用考虑和学习生活的各种技能和细节,不知道生活的艰辛和苦难,无法理解只有通过自己的努力才能让自己幸福和快乐。

作为父母,为孩子谋福的心情可以理解,但娇生惯养的弊端却如影随形。那父母应当如何避免让孩子形成娇生惯养的习性呢?

解决:让孩子"皈依"正常化的生活

对于这种娇生惯养的孩子,父母可以试着让他们回到正常化的生活中去,让他们在正常的生活状态中,体会各种乐趣。

所谓的正常化的生活是指,让孩子学着自己处理自己的生活和学习,给予孩子适度的自由。比如让他们自己穿衣、洗脸,帮父母干各种家务活,和伙伴们一起玩耍、做游戏,放手让他们做自己喜欢、感兴趣的事情,而不是一味地包办和替代。

只有这样,孩子才能拥有各种生活技能,知道生活需要付出,金钱来之不易,父母也不可能永远在自己的身旁帮助自己,只有通过自己的努力和实践,才能拥有各种优越的物质生活。

在这个过程中,孩子也能逐渐地找到自己的兴趣,对各种事物不再是"3分钟热度",对待朋友也能站在对方的角度思考问题,自然也就不会经常和孩子你争我抢,弄得不可开交。

父母应当清楚,在类似上述的比较正常的家庭环境中,孩子们能够比较早地学会自我控制,能够拥有比较独立的个人意识;习惯养成之后,他们也不愿无所事事地到处乱跑,而每天平静地生活和有秩序地活动才是他们的主要事情。

由此可见,对这些娇生惯养的孩子,让其回归正常化的生活,就有一种人性"皈依"的感觉。也许,在开始的时候父母和孩子都会觉得比较艰难,但绝对不能放弃,因为一旦孩子恢复了正常的、健康的状态,性格上的缺点就可能消失。

"这几天以来,原本对很多物品都不屑一顾的孩子开始对一些物品产生了一些兴趣,而一个孩子如果被一件物品所吸引,他就不会被其他的东西分心……他们开始独立行动了,开始寻找他们各自感兴趣的东西了。"

"我曾经试着用幼儿园里几乎所有的物品去激发一个孩子的兴趣,但却丝毫没能引起他的兴趣。然而有一次,当我给他看两种不同的颜色时,他马上高兴地接受了,在那一堂课的时间里,他就认识了5种颜色。在以后的几天里,他对那些所有过去不感兴趣的物品慢慢有了兴趣。"

问题20 "这孩子被宠坏了"

"我班里有一个孩子,最初他只能保持短时间的专注力,但当他开始对一件比较复杂的计算工具感兴趣之后,就摆脱了以往的不稳定状态。几乎持续一个星期,他不断地摆弄这个计算工具,还学会了如何数数和做简单的加法。不久,他又开始玩一些较简单的工具,就这样对所有的物品都感兴趣了。"

从这些话中,可以看出,很多娇生惯养的孩子的转变就是从专注自己感兴趣的事情开始的。一些搞怪的娇生惯养的孩子开始变得平静,有压抑感的孩子重新获得活力。通过这种有秩序的学习和训练,娇生惯养的孩子将能够把内心的潜能发挥出来,并不断地加以完善。

"我发现,孩子一旦发现某种他们感兴趣的东西,就可以摆脱那种不稳定性。"

花花和红红是一对5岁和3岁的姐妹,两人都非常可爱。然而,3岁的红红却没有自己的个性和习惯,她在所有的事情上都模仿她的姐姐花花。

比如说,如果花花有一支蓝色的铅笔,红红就会一直不高兴,直到她也有一支蓝铅笔为止;如果花花吃着雪糕,红红就除了雪糕之外,什么都不吃……红红对学校的任何事情都不感兴趣,而只是一味地跟着她的姐姐到处走,只是模仿她姐姐所做的每一件事。

然而,有一天,她竟然对一些红色的积木感兴趣了,接着很快地拿起一些红色积木搭了一座小城堡,此后多次重复地建造各种东西,完全忘掉了她姐姐的存在。花花就问她:"为什么我在画画的时候你却在搭城堡?"从那一天起,红红找到了自己的兴趣和个性,并开始发展,不再是姐姐的翻版了。

娇生惯养是很多孩子的通病,这是父母和老师宠出来的,过于丰厚的物质生活是主因。父母可以通过让孩子重新回到正常的生活中,让孩子主动尝试,发现自己的兴趣所在,这样才能克服娇生惯养的习性。

一点一滴培养孩子的**自理能力**

要善于在生活中一点一滴培养

先提出任务，再悄悄创造完成任务的条件。例如，学洗衣服时，可以让他洗污渍较少的。最初要保证孩子能够比较容易地完成任务，再逐渐增加难度，这样才会增加学习自我服务技能的兴趣，而不会一下子被难倒或再也不听从指挥。

允许孩子用自己的方式解决问题

孩子毕竟是孩子，他们眼中的世界与我们成人眼中的世界是不同的。他们解决问题的方式及能力也许不合乎我们的观念，但是我们要用一种欣赏的眼光看待它。一个欣赏的眼神、一个鼓励的行动，都能给孩子无穷的力量。孩子会在这些眼神和行动中更积极地解决遇到的问题。

要肯定和鼓励孩子每个小小的进步

哪怕孩子独立完成一件微不足道的事，父母也要给予鼓励，以培养孩子的兴趣。如孩子自己洗了脏衣服，尽管洗得不怎么干净，但父母也应该说"会自己洗衣服了，真是个好孩子"之类表扬他的话。

问题 21
"真是个败家子"

疑问：孩子的"败家"行为

"败家子"是很多父母经常对孩子说的一句话，孩子的很多行为也确实是让父母揪心。

露露自从断奶之后，一直由爷爷奶奶带着，平常他们两位老人非常溺爱露露，让露露养成了很多不良习惯。一直到快3岁的时候，露露父母才把她接回自己家住，并且已经做好了慢慢适应露露各种不良习惯的心理准备。

露露确实有很多不良习惯，比如说不想吃饭，露露妈妈经常是追在后面喂饭；衣服也不会自己穿，晚睡晚起……露露的父母都是比较耐心地教育和引导。

然而，露露的父母还是发现了露露一件让人无法忍受的事情，那就是露露特别喜欢摔、砸各种玩具。

家里的玩具没有一套是好的，多贵的东西都敢砸，妈妈心疼得经常立着眉毛说她，越说她砸得越厉害，当妈妈厉害的时候，露露更厉害了。

有一次，露露居然把家里的遥控器抓起来给摔坏了，露露妈妈实在控制不住就对她大声说："你真是个败家子，好好的东西都被你摔成什么样子了。"

可是，妈妈更加苦恼的是，当露露抓不到东西摔砸时，她就打自己，妈妈真怕孩子是不是有什么心理健康问题。

孩子怎么会有这种"败家"的行为呢？

心理：孩子心中的"我"意识

一位母亲很无奈地说："我的孩子今年3岁了，最近一段时间总是会随意地将别人的物品毁坏。前几天，他在爸爸放在书房里的稿件上乱涂乱画，让他爸爸一夜的心思全白费了；有一次，他在幼儿园竟然把小朋友的作业本给撕了，那个小朋友当场号啕大哭。"

对此，幼儿专家分析说，很多孩子确实这样，总是会随意地破坏别人的东西，而且是明目张胆、无所畏忌。而他们之所以会这样做，是因为他们觉得"爸爸的稿件"和"小朋友的作业本"都是自己的，不认为是别人的东西。

学龄前的孩子都是以自我为中心的。学龄前儿童所有的行为都是从"我"的角度出发，认为只要是"我"喜欢的，"我"就可以随时拿来，只要自己想画画，不管是谁的纸张，"我"都可以在上面涂鸦。他们根本没有想到这是爸爸的东西，我不能画，这是哥哥的东西，我不能动，没有物权的概念。

此外，孩子自己的东西，不管如何，绝对不会给别人，这也是孩子以"我"为中心的心理在作怪。

芊芊（4岁）："是我的东西就是不让你送给别人。"

一位父亲站在客厅，面带焦虑地注视着眼前发生的事情：4岁的女儿芊芊躺在客厅打滚、号啕大哭，芊芊妈妈坐在沙发上满脸怒容地瞪着芊芊，两人好像有一触即发的势头。

是什么事情让芊芊伤心、妈妈生气呢？原来，芊芊的表妹依依昨天到家里玩，临走的时候，芊芊妈妈看两人年纪就相差几个月，就把芊芊一些已经不会再穿的衣服收拾了一些给依依，还把芊芊玩过的一些玩具也给了依依。

问题 21 "真是个败家子"

当芊芊和依依玩着正起劲时,看到妈妈收拾了一大包自己的东西给别人,非常不高兴,很快地跑上来跟妈妈抢夺,大声哭着说:"你干嘛把我的东西送给别人,是我的东西就是不让你送给别人!"

妈妈看到芊芊这样哭闹,刚开始还是好言相劝:"芊芊,这些衣服你也穿不了了,给妹妹不好吗?还有这些玩具,你也不爱玩,上面都一层灰尘了,都给妹妹吧,好不好?"

然而,芊芊就是死活不答应,还是那句话:"我的东西就是不让你送给别人。"看到芊芊如此,妈妈也开始生气了,都是一些不用的东西,何况是送给自己的妹妹,竟然这么无理取闹。于是出现了先前的那个局面。

孩子之所以有以上这些行为,是和孩子心理因素有关系的。在瑞士心理学家皮亚杰看来,儿童在2岁~7岁这段时期,"只会从自己的立场与观点去认识事物,而不能从客观的、他人的立场和观点去认识事物"。

也就是说,儿童和成人的思维之间存在着质的差别,幼儿不能区别自己和别人的观点,不知道除了自己的观点,还存在着别人的观点;他只能从自己的观点看事物,以为事物就是他看到的样子,不可能再有其他的看法。这就是一般所说的以自我为中心。比如,当孩子自己的汤是热的时候,他们就认为别人的汤也应该是热的。

所以,当孩子出现毁坏各种玩具或者他人东西等"败家"行为时,父母应当试着了解孩子的以自我为中心的心理特征,然后再想办法解决。

可父母可以用什么办法解决呢?

解决:为孩子建立"物权"概念

其实,当孩子以自我为中心,肆意搞破坏时,或者无视别人的权益随意拿别人东西时,父母可以采用帮助孩子建立物权概念的方法,让孩子逐渐摆脱这些现象。

斌斌4岁了,在幼儿园特别"有名",上幼儿园第1天,小托班的老师都认识

了他。事情是这样的:斌斌比一般同龄孩子高而且壮,力气特别大,无论他手里在玩什么玩具,只要小朋友手里有别的玩具,他一定要去抢过来,小朋友如果不给,他就大打出手。

诺诺的性格和斌斌完全相反,他非常老实,甚至软弱,在外面玩容易受欺负不说,只要他一拿玩具出来,就有孩子围上来,看好了就上手抢,诺诺只能在原地咧着嘴哭。诺诺妈妈有时候会想:怎么这么窝囊,你倒是抢呀,自己的东西有什么害怕的。

对于这两个性格完全相反的孩子,父母应当如何帮助他们建立物权概念呢?

孩子霸道,不懂得尊重别人的物权,的确令父母担忧。除了及时纠正孩子不当的行为外,最重要的是,了解其背后原因,防范孩子坏习惯的出现。

1. 给孩子灌输"轮流"、"借用"的观念

当孩子抢夺或撕毁别人的东西时,父母可以趁机为孩子灌输"轮流"、"借用"的观念。比如,父母可以告诉孩子:"当时钟的长针走到4的时候,你才可以玩那些拼图,现在让别人先玩。"或者说:"那是别人的颜料,你要先问别人愿不愿意借给你!"

2. 制定一定的规矩

父母应当为孩子制定一些规矩,比方说鼓励孩子想要什么要跟妈妈讲,在公共场所或别人家里,哪些物品是可以拿的,哪些是不可以拿的。最简单的一个规矩就是让孩子铭记:"想要什么,在拿起来之前,要先询问大人可不可以。"

3. 让孩子懂得商量

由于孩子具有以自我为中心的心理,他们很难理解为什么看到喜欢的东西不能拿走,这时父母可以告诉孩子:"如果你想要某样东西,可以告诉妈妈,让我看看可不可以。"让孩子懂得和父母商量。

4. 分清"偷"与"借"的区别

父母必须让孩子分清借与偷之间的差异,以及产生的不同的后果。例如,父母可以对孩子说:"不可以偷拿别人的东西。"让他了解"偷"是不对的行为,是不被允许的。

5. 让孩子为自己的行为付出代价

当孩子随意拿人家东西时,父母可以罚他做一些额外的工作,或是要他放弃一样他很珍爱的物品,让他同样感到失去喜爱东西的痛苦感受,知道拿别人的东西是不对的,需要付出代价。

6. 教育孩子将东西还给别人

当孩子拿了别人东西时,父母要让孩子还给人家,有必要的话也可以陪同孩子一起。期间尽量不要批评孩子,毕竟孩子也有自尊心,当然如果孩子比较难以引导,也可适当批评。

7. 让孩子学会和别人分享

当家里来了小朋友时,父母可以抓住机会,试着让孩子把自己的东西拿出来和小朋友一起玩,让孩子体会到其中的成就感和快乐感,培养孩子与人分享的能力。

8. 父母不要随意承诺

当孩子抢了别人的玩具不放手时,一些父母会经常对孩子说:"你先把东西还给别人,以后妈妈再买给你。"然而,当孩子满心期待时,父母自己却早已把这事忘得一干二净了。

9. 适度赞美孩子

倘若经过一段时间的教育引导之后,孩子喜欢抢别人东西的习惯有所改变,这时父母就应当适当地表扬孩子的进步,比如:"你真乖,看到你这样做,妈妈很高兴。"让孩子更上一层楼。

10. 某些原则要坚持

当父母为孩子制定了一些原则或规矩时,不要随意地更改,或者今天执行,明天又不执行。这样的话,孩子就会莫名其妙。到底我的做法是正确的,还是错误的呢?

11. 和孩子积极沟通

沟通可以了解孩子内心的更多想法,知道他为什么这样做而不那样做,可以提早防患于未然。

体态语言1 宝宝鼻子皱起，嘴里发出咕噜咕噜的声音。

宝宝的悄悄话："妈妈，我心里正烦着呢！"

宝宝不说话？
看懂孩子的 *小动作*

体态语言2 一直喜欢看着妈妈眼睛的，可为什么突然不耐烦地躲开了，还眯着双眼不理人？

宝宝的悄悄话："亲爱的妈妈，我累极了，让我安安静静地呆一会儿吧！"

体态语言3 宝宝澄澈的眼底亮光闪闪，一副悠闲自在的模样。

宝宝的悄悄话："唔！我感觉很舒服，没有任何烦心的事情。"

体态语言4 孩子展开的小手突然紧握成拳头，身体颤抖。

宝宝的悄悄话："哇，声音好可怕！我好害怕，妈咪，快来保护我！"

体态语言5 宝宝撅起小嘴，随即哭泣，声音越来越大。

宝宝的悄悄话："好妈妈，我饿了（或者尿布湿了或者不舒服了……）"

问题 22

"孩子,你真棒"

疑问:我的孩子被夸坏了

由于赏识教育的普及,很多父母知道夸奖孩子,可有些父母又开始担心了,天天夸奖孩子,会不会把孩子夸坏了?

"自从上次看到那期儿童电视节目,我现在都会经常性地夸奖孩子,让孩子知道自己的进步和能力,使孩子更有动力去做更复杂的事情。然而,有时候,我在想,如果天天这样夸奖孩子,是好事情吗?孩子会不会因此再滋生其他的什么毛病呢?"

"我是通过书籍了解了赏识教育的好处,现在也是经常表扬、夸奖孩子,哪怕是孩子犯错了,我也会在批评之前先说孩子的好处和优点,然后再指出他的不好和缺点。可那天,孩子爸爸对我说,对孩子过多的表扬和夸奖,也会使孩子产生一些不良的后果。是这样吗?那可怎么办才好呢?"

"孩子,你真棒!"许多父母现在经常把这句话挂在嘴边,只要孩子有什么动静,就夸奖孩子,进入某个误区。

其实,夸奖孩子是正确的,它能够让孩子肯定自我,但同时,父母也要反省自己的夸奖方式,免得适得其反。

心理：夸奖可以让孩子肯定自我

夸奖和表扬对于缺乏自信的孩子来说，就像是一块干旱的田地迎来了一场及时雨，可以让孩子肯定自我，信心倍增。

比如，当孩子很认真地在做事或完成某件事时，父母可以及时表扬他说："孩子，你真棒，进步明显，我相信这是你努力的结果。"

因此，父母要尽量夸奖孩子，让孩子在表扬和夸奖中找到自我，为孩子增加努力的动力。特别是经常批评孩子导致孩子比较自卑的父母，更是应该转变观念，进行赏识教育。

事例一：乱扔衣服的孩子

很多父母都或多或少会觉得自己的孩子总会有那么几样不良习惯，也为此苦恼。

比如说，孩子每次一回到家总是会把衣服随处乱扔，屡次说教都改正不了，此时如果父母实行赏识教育，想尽办法用表扬和夸奖的方式，就会事半功倍。

父母可以去超市买一个颜色漂亮的盛衣服的篮子，然后训练孩子将自己的脏衣服放在篮中，接着可以告诉孩子，当一件衣服脱下来后，要么放在衣橱里，要么放入盛衣篮里。

在孩子初步养成按秩序放衣服的习惯后，父母就要夸奖孩子："太棒了，你经过自己的努力已经养成了不随意乱扔衣服的好习惯了。"

这个例子中，当父母表扬孩子通过自己的努力而养成了好习惯时，孩子就会对自己的行为作出肯定，以后自然也会坚持。

事例二：乱翻抽屉的慧慧

慧慧今年5岁了，却经常把抽屉翻得乱七八糟。爸爸妈妈每次问她乱翻什么，慧慧要么说找不到铅笔了，要么就说她的橡皮擦不见了。

一天晚上，慧慧找不到一个她最喜欢的玩具，又准备满屋子乱翻时，妈妈说："不用再翻啦，就在你屋子里的床头挂着呢！"慧慧奇怪地问："妈妈是怎么

问题 22 "孩子,你真棒"

知道的?"妈妈说:"只要放对了地方就会记得。"

从此以后,慧慧就会把各种东西放在该放的地方,想要找什么物品,再也不用满屋子乱翻了,慢慢地,还确实养成了不乱翻东西的好习惯。

有一天,当慧慧妈妈拉开她的抽屉时,发现抽屉里的东西摆放得整整齐齐的,于是高兴地对慧慧说:"太棒了,你整理的抽屉比爸爸妈妈收拾得还要整齐!"慧慧受到妈妈的表扬,以后更是收拾得井井有条。

事例三:"一鸣惊人"的蓓蓓

黄维玲是幼儿园老师,她认为,现在许多父母在评价孩子的好坏时,一般都会想到能背多少首诗、能做几道算术题。其实,在幼儿园的学习和生活是一种快乐,我们要让孩子全面发展,不能顾此失彼。她回忆了之前一个叫蓓蓓的女孩的成长经历:

记得在一节课上,我播放了一首歌,引导孩子们自己编创动作,我对孩子们说:"谁可以给这段音乐编一段舞蹈,带领大家一起跳呢?"我发现蓓蓓慢慢地举起了小手。她想试一试?她平时不是非常内向、不爱说话吗?还是让她试试吧,于是就让她到前面来表演。

出乎我意料的是,蓓蓓现编、现演非常棒,许多孩子都为她鼓掌了。这种"表扬式"的鼓励,顿时让蓓蓓感觉到了自己很棒,对舞蹈也更加感兴趣了。

此后,只要班上一有表演,小朋友第一个想到的就是蓓蓓,蓓蓓在后来的学习生活中,比原来活泼了。

一次漂亮的表演竟能起到如此的效果!在后来的班级工作中,我将班级工作和活动相结合,组织孩子们开展各种丰富多彩的活动,让更多的孩子在活动中体验到"我真棒"!

教育家陶行知说:"愚蒙者我得而智慧之,幼小者我得而长大之,目视后进蒸蒸日上皆我所造就者,其乐为何如耶!"父母和老师要为孩子搭建一个发现自我、展示自我的平台,用自己的行动告诉所有的孩子:你真棒!

解决：父母自省自己的夸奖方式

虽然对孩子夸奖和表扬可以让孩子肯定自我，树立自信心，增加前进的动力，让孩子更加自觉、努力地向前，但是一些父母在夸奖和表扬孩子时却不注重自己夸奖的方式，有时会带来反效果。

一位妈妈说："我的孩子今年6岁了，他每做一件事情都一定要得到我的表扬，如果我没有表扬他，他就会不高兴。"

为什么会这样呢？原因就是一些父母不懂得如何夸奖、表扬孩子，比如夸奖过多等。

这位妈妈说："可能是吧，以前我经常批评孩子，后来我发现这样不好，为了让他建立自信，给他的表扬就比较多了。可是，现在他时刻关注我的情绪，如果我高兴，他就开心；如果我的情绪不太好，他就会暴躁。"

心理师认为："这说明孩子不能正确认识和评价自己，他的情绪都建立在你的情绪基础上。他的内心不自信，所以他需要获得别人的表扬来证实自己。以前批评多，后来表扬多，两者都不对，走了两个极端。"

这时候，这位妈妈可以这样做：要减少对孩子的评价，更不要对孩子进行主观的评价。外界的评价尤其是不客观的评价过多，孩子将会失去自我评价的能力。

6岁之前的孩子正是构建自我的重要阶段，这个阶段的孩子，对外界的评价很敏感，他们依靠外界对他们的评价来认识和评价自己，如果外界对孩子的评价客观中肯、包容接纳，孩子就能正确认识和评价自己。

第一，不能把"夸奖"当成孩子前进的动力。孩子做某件事情一定是他自发的，是来自内心的驱动力，而不是为了父母的"夸奖"。

然而一些父母喜欢用夸奖的方式去引诱孩子做事情，比如孩子不愿意画画，妈妈说："妈妈觉得你的画画得可好了，来，画一张吧！"这种夸奖方式会让孩子觉得父母是在利用他。

问题22 "孩子,你真棒"

第二,夸奖和赞美要发自内心,不能是虚情假意的"敷衍"。父母对孩子的夸奖应该是真实的、客观的。如果在孩子明明做得不好时,父母还在夸奖他说:"孩子,你做得很好,太棒了。"这样名不副实的夸奖只会让孩子觉得大人虚假,不值得信赖。

第三,对孩子的夸奖应该言之有物。用平实的语言去描述孩子做得好的事情,而不是笼统地说孩子真棒。

妈妈:"丽丽,你喜欢上幼儿园吗?"
丽丽:"不喜欢。"
妈妈:"为什么呢?"
丽丽:"因为老师总是表扬彬彬。"彬彬是她们班上刚来的一位非常可爱的小女孩。
妈妈:"老师表扬你了吗?"
丽丽:"也表扬了,但是一句'你真棒'有什么用?我不需要老师的表扬!"
妈妈:"丽丽,你这件衣服搭配这条裤子看起来很美。"
丽丽笑了:"谢谢妈妈。"说完还亲了妈妈一下。

第四,少夸先天存在的东西,譬如智力、外表,多夸孩子所做的努力。夸奖孩子的目的当然是让孩子明白哪些行为是正确的,让孩子朝正确的方向走。所以,父母在表扬、夸奖孩子的时候,要特别注意一个问题,那就是夸奖所要针对的是孩子对某一件事付出的努力并取得的效果,而不是针对孩子的性格和孩子本身。

比如,当孩子玩完玩具之后,把玩具收拾整齐,父母如果说:"你真是个好孩子。"这样表扬孩子的话,孩子就可能弄不清父母是表扬他玩具收拾得好,还是赞扬他不再玩玩具了。

倘若父母这样说:"你把玩具收拾得这么整齐,真是太棒了!"如此孩子就会明白把玩具收拾整齐是正确的做法,以后还会这样做,并逐渐养成良好的生活习惯。

总的来说,父母给孩子的"夸奖"应该是积极的回应,是客观的、真实的,夸奖不能过度,更不能盲目。

在不同年龄段应该学会做的事

我们这些无私奉献的伟大父亲母亲们,剥夺了孩子发展的权利,才造成孩子自理能力的缺失。试着还给孩子们吧!不要总跟在孩子后边,大胆地放飞他们,让他们像我们小时候一样自由发展,将来他们会真正感谢我们的。

孩子3岁时,上街的时候就要让他帮你提东西。

孩子5岁时,就要让他扫地擦桌子,并告诉他如何节约用电。

孩子上学时,要他节约文具的开支;孩子放学后,要他顺便到菜场去买菜,以便减轻父母的压力。

假期里让孩子洗洗马桶,知道臭和脏是生活的一部分;让孩子干粗活和重活,知道父母需要他们照顾。

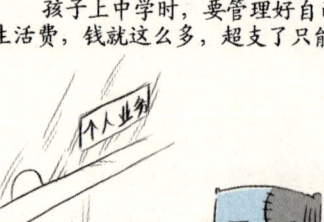

孩子上中学时,要管理好自己的生活费,钱就这么多,超支了只能挨饿。

让孩子从小就懂得做什么事情都要首先依靠自己的力量。这不但会增强孩子的自信心,也会培养出孩子的"自我"意识,提高孩子的自理能力。

问题 23

"别买这个，这个易脏不好洗"

疑问：孩子的事，自己当不了家

前文说过，学龄前儿童是以自我为中心的，因此很多孩子都很有自己的"主见"，然而，他们自己却"当不了家"。戴戴就是这样一个女孩子。

在戴戴3岁的时候，有一次奶奶带着她到商场买运动鞋，奶奶为她挑了一双粉红色的，女孩子穿粉红色的好看一些。可戴戴不喜欢，她偏偏喜欢一双深蓝色的，不管奶奶怎么说，她非要深蓝色的。然而，最后奶奶还是买了粉红色的。

戴戴4岁的时候，家中装修房子，戴戴妈妈还是想把她的房间粉刷成粉红色的，但戴戴还是不愿意，依然想要刷成她喜欢的深蓝色。妈妈觉得，一个女孩子，房间搞得像一个男孩子的房间，不太好，深蓝色看起来太压抑了，非常不好看，于是，妈妈就自己决定为戴戴的房间刷上了粉红色。

现在，戴戴已经5岁了，可父母发现戴戴依然还是有很多自己的想法，却总和父母相悖。

戴戴的父母自然觉得这样是为了孩子好，于是就替她决定了。可为什么孩子的选择自己却做不了主呢？

心理：凡事有妈妈呢

孩子有自己的想法，然而，父母总是认为"凡事有妈妈呢"，于是总是代替孩子选择，导致孩子无法按照自己的想法行事。

"孩子那么小，他们什么都不懂，如果都顺着他们，说不定会出什么事情呢？"

"现在的玩具都非常贵，可孩子偏偏一看就看上了那些最贵的，我们可不敢买，不仅仅是价钱问题，也是怕惯坏了孩子。"

"我的孩子的想法都太怪了，总是和别人的不一样，如果我不替他把把关，那孩子不知道会有多'野'呢！"

别买玩具了，买文具吧！

妈妈对儿子弯弯先前承诺过，假如考试能达到一定标准，就带他到百货商店买一件他最喜欢的玩具。

妈妈的这一招很有效，弯弯非常努力，终于达到了妈妈的要求。妈妈也很信守承诺，就带孩子来到商场。

妈妈："你自己选一样东西，我买给你，作为这次好成绩的奖励。"

弯弯："我要这支玩具枪。"

妈妈："这个玩具枪不好，太具有暴力性了，换一种吧！"

弯弯："那我要这只大灰熊。"

妈妈："咱们家面积小，这玩具熊这么大，占的空间太大了，不好，再换一种吧。"

弯弯："那妈妈您决定好了，买什么都可以，我不选了。"弯弯嘟着嘴，很不高兴。

妈妈："你现在喜欢读书，我看买文具做礼物吧。买铅笔跟橡皮擦各一打，怎么样？"

弯弯很无奈地点头……孩子的主意和想法就这样被父母扼杀了。

久而久之,孩子的心理肯定会发生变化,或者不再思考,没有任何想法和灵气;或者听之任之,完全按照父母的要求行事,没有独立性和创造性。

最后,孩子也形成了"凡事有妈妈呢"的意识,什么事情都想依靠父母,离开父母就一无是处,什么都不会思考了。

父母可以试想一下,如果我们的孩子失去了独立性、创造性和思考力的话,我们会怎么办?如果孩子失去独立性、创造性和思考力是因为我们代替孩子选择的结果的话,我们又情何以堪呢?

解决:从小给孩子选择权

为了培养孩子的独立性、创造性和思考能力,父母就必须从小给孩子自由选择的权利,不要总是代替孩子。

尊重孩子的选择

孩子虽然年纪很小,但也有自己的爱好和想法,也有选择自己爱好的权利,父母不能忽视。

父母应当尊重孩子,没有理由将自己的爱好强加于孩子身上,让他做不愿意、不喜欢做的事情。父母的这种一厢情愿,往往适得其反,容易使孩子产生逆反心理和抵触情绪。

一位妈妈对此就很有感触,她说:"一直以来,我都没有急于培养音音的爱好和特长,直到孩子4岁的时候,我和她爸爸才打算让她学点什么技能。"

"我们看很多孩子都在学钢琴、小提琴等乐器,就打算也让音音学乐器。可当我和孩子商量的时候,她却说对乐器没有兴趣,不想学,还说自己比较喜欢画画。"

"我们还是尊重音音的选择,为她报名参加儿童绘画班的学习,每个星期都没有间断,风雨无阻地送她去学习……由于画画是她自己的选择,所以音音学画画的积极性就比较高,无论是早晨起床,还是吃饭之前,只要一有时间就不停地画,班上布置的作业也从不用提醒就主动完成。甚至有时患了感冒咳嗽,她也要坚持去学,生怕落下功课……"

可以看出,当音音选择自己喜爱的画画之后,就能萌发出强烈的兴趣和动力。父母只需引导孩子帮助他们把自己的爱好挖掘出来,并积极支持和帮助孩子,孩子定能够发挥出很好的水平,取得更大进步。

给孩子出选择题

萍萍很爱看电视,只要一坐在电视机前就不想起来了,有时候做作业也要把电视机开着。只要妈妈把电视关了,萍萍就会说:"不让我看电视,听听声音都不行吗?"

妈妈说:"就是不行,做事不能三心二意。"可萍萍却反过来质问妈妈说:"那你做饭的时候,为什么可以一边做饭一边听音乐呢?"再三僵持下,她仍旧不妥协。

妈妈一时之间傻眼了,孩子竟然这么伶牙俐齿,只得辩解:"音乐是陶冶情操的,能缓解压力,舒展心情,而电视声音只能打乱你的思绪,两者根本不能放在一起相比。要不,你做作业时改成放点轻音乐?"

萍萍爸爸这时候说话了,他对萍萍妈妈说:"耐心些,你不妨给她出道选择题,让她从中自己选,说不定她就会听话。"

萍萍妈妈照做了,以后,碰到她开着电视做作业,就问她:"看多久可以关电视?10分钟还是15分钟?"看着妈妈的态度有所缓和,萍萍也顺势下了台阶说:"10分钟就好。"时间一到,妈妈提醒她该关电视了,她便自己关上,安安静静写起作业来。

这样不是挺好吗?接着,萍萍妈妈把这个方法也用在孩子生活的各个方面,效果也不错。

以前萍萍每次睡觉,妈妈都要三令五申,现在妈妈就会问她:"是9点半睡觉还是10点差一刻?"萍萍虽然选择了后者,但是总算是了结了一件重要的

问题 23 "别买这个,这个易脏不好洗"

事情。

从这个例子可以看出,孩子有选择权之后,就会感觉自己有价值,因而对自己的选择有担当。当您再将决定权给孩子时,更会发现那些难解的对峙,将迎刃而解。

如何培养孩子选择的能力

"任何人,无论是大公司的首席执行官,还是当权的政治家,抑或颇具影响力的金融家,需要做的决定都没有父母多……而最令父母们棘手的决定之一,就是何时、何地、如何让孩子开始进行自己的选择。"

父母要为孩子提供各种机会,让孩子从小锻炼选择的技巧,赋予他们能够把握生活的感觉,这样他们能够成长为有能力为自己做出正确选择的人。

父母可以把这种锻炼的机会巧妙地融入孩子每天的玩耍和活动中,让孩子在自由玩耍的过程中,培养做主、选择、决定的能力。

给孩子选择权,并不是把所有的可选之物都堆在一起。比如说,乱成一团的玩具,不仅不会给孩子选择的自由,还会造成更大的混乱。

父母可以把家里布置得井井有条,将孩子喜欢的物品分门别类,整理出不同的区域来,比如美术区(绘画和手工)、音乐区、玩偶区和建筑区(木工、积木等搭建物品),等等。然后,让孩子首先根据类别来选择进行哪种游戏,而后根据这一类活动所需要的一些材料,来选择他要使用哪些以及选择怎样使用。

当父母为孩子出选择题的时候,备选答案不要过多,最好是两个,至多不要超过 3 个,让选择过程尽量简单,孩子感觉自己有能力做出决定。

不要插手干涉、指挥孩子选择什么、怎样使用,即便在我们看来不合适的突发奇想,也放心让孩子尝试一下。比如,可以让他自己意识到方形的木块无法插入圆形的孔中、纸和布是包不住水的、蓝天上涂抹了黄色云彩就会变成绿色,等等。

最后,父母要相信孩子能够从各种错误和失败中总结出经验。孩子的选择不可能都是合理、正确、合适的,当孩子因为自己的选择犯错或者失败时,父母要给予鼓励,并相信孩子一样能够总结出失败的教训。

父母化身围观党

对于孩子,哪些该管,哪些该看,实在是个技术活,养育儿女与花农相似,小苗渐渐长大,枝枝桠桠越来越多,修枝剪叶体现的是花农水平的高低。

做父母也得学花农,先分清枝桠,分析孩子的行为,只有理解孩子行为的性质,才能做到有的放矢,处乱不惊。不要用"孩子就是淘气"这样的话一言以蔽之,要知道,淘气的性质千差万别:

有些淘气属于孩子的天性,爬树、玩水、与同伴逗闹,是孩子的乐趣所在。虽然他常常弄脏衣服甚至划伤皮肤,但嬉闹的孩子往往兴趣广泛,知识面宽,心理发展也比较健康。因为他们有自己的主张,可能常跟父母争执,也会跟小伙伴吵闹,但也会和好,与伙伴们建立友谊。

对于这种孩子,父母只需要告诉孩子哪些情况下,容易出现危险,让孩子学会自我保护就好了,其他时候站在一旁,做个"围观党"也不错!

还有一类孩子的淘气可称为探索欲望之下的行为——调皮捣蛋。有个孩子为了探究而不小心虐待小鱼致死,在这种情况下,家长就不能以简单的批评来对待。

这类孩子,好奇心非常强,但往往也容易犯错,对于他们,引导是最好的教育,做个有技术的"围观党"也不是件容易事。

第三类孩子,如果他以将小鱼杀死来取乐或泄愤,那就很难保证其将来遇到痛苦时,不会用类似的方式来排遣郁闷。

对于这种孩子,父母首先要和其进行良好的沟通,了解孩子内心隐藏的东西,然后加以引导,让快乐向上的太阳照耀孩子心灵。

总之,在孩子淘气的各种行为背后,隐含着各种不同的动机,学会分析孩子行为背后的原因,是当好父母的关键。

问题 24

"不准打人,不准在床上吃东西"

疑问:"不准"不起作用

很多父母都会以一种命令的口气和孩子说话,"不准"孩子如何。但是,父母们又发现,"不准"根本起不了作用。

"砰"的一声,声音非常清脆,林林爸爸从书房快步地走了出来,看到满地的花瓶碎片,而身旁只有林林一个人站着。于是,林林爸爸坚决判断是林林打碎了花瓶,他严厉斥责孩子说:"你这孩子三天两头给我捣蛋,是想要我的命呀!"

"爸爸,花瓶不是我打碎的,是邻居家的老花猫!"林林非常无辜地说着,然而,哪里有老花猫的身影啊!

事实上,孩子说这话的时候,那只老花猫已经跑远了,它好像知道自己犯了错而躲起来了。可这也怪不得林林爸爸,毕竟"事实"摆在眼前。

林林爸爸听到孩子的辩解之后,说:"错了就错了,还要赖在猫的头上,这哪来的猫啊?"

"呜呜……真的不是我。"林林很委屈,开始哭了起来。

"不准哭!你还委屈了?"

林林爸爸不说也罢了,说完之后,林林的哭声更大了,还没完没了。林林爸爸真是搞不懂了，为什么越说"不准"，孩子却越有恃无恐呢？

心理：孩子的注意力集中在"不许"上

为什么父母越说"不准"、"不许"，孩子就越会这么做呢？其实，当父母以命令的语气对孩子说不许这样、不许那样时，孩子的注意力却集中在父母不许让孩子做的这件事情上，结果孩子反而越会去做。

很多父母都会以一种居高临下的姿态对孩子说"不准打人"、"不准在沙发上吃东西"、"不许哭"等等，这种比较负面的语气只会让孩子把注意力引向并集中于负面的行为上，而孩子仍然不知道正面的、正确的行为是什么，自己应该做什么。

我们可以从两个方面加以分析：

其一，学龄前是孩子的第一个叛逆期，这个阶段的孩子逆反情绪很明显，经常会和父母对着干。

当父母生气并大声让孩子不许这样做时，孩子首先看到、感受到的是父母的激动情绪。这时，他们的第一反应就是要应对、对付父母的激动情绪，很容易忽略父母所要求的不准他们做的事情的内容。

就算孩子听清楚了父母命令的内容，他们也会由于强烈的逆反心理，故意违抗父母的意志，让父母无可奈何。

此外，当孩子这时候和父母对着干时，很多父母都会更加生气，而当父母对孩子的这种反击行为表示愤怒的时候，正好直接表明了孩子的反击行为达到了效果。

可以说，孩子的这种反击行为因为父母的更加愤怒而变得肆无忌惮，孩子像是得到了某种鼓励。

其二，当父母严正地让孩子不要那样做的时候，正是凸显了不要做的事情，孩子只会对这个事情充满想象和期待。

父母可以试想一下，当某个人对您说："不管你现在正在做什么，不要往后看……甚至不要想你身后发生的一切。"您会怎样做？心里会怎么想？

这肯定是困难的，可以确定，即使您按照那个人说的没有转过身去看后面

问题 24 "不准打人,不准在床上吃东西"

发生的事情,但在您的心里,肯定会很想去看,心里肯定会一直在想:后面到底发生什么事情呢?

而您心里正在想的事情,正是某人让您不要做的事情,可以看出,让一个成年人不准做什么,也是有一定难度的。

再举一个例子。如果某个人让您不要去想一头灰色的大象,它长长的鼻子正在摇晃。您会发现,越不让您去想,您越想去想。

由此,我们可以得出,人的大脑要明白不要做什么事情,似乎会先想"如果去做会怎样",而这个心理又会导致我们去做这件事情。一些催眠师就常常使用这种语言模式——否定式的要求,对顾客进行催眠。

连成年人都会这样,孩子就更不用说了。

米米今年4岁,非常活泼,特别爱玩,有时候和小伙伴们玩得过于尽兴时,就会忘了回家吃饭。好几次妈妈都苦口婆心地让孩子早点回来,可米米都没有做到。

有一次,米米还是和往常一样,来到楼下的草坪和其他孩子玩耍,由于伙伴的皮球深深吸引了米米,米米就完全忘记了到时间回家吃饭这件事情了。

妈妈当然着急了,赶紧下楼,生怕孩子出什么事情,接着就把米米拉上了楼,开始吃饭了。

吃完饭后,妈妈就开始教训米米了,她对米米说:"下次不准贪玩了!"可米米却随意地应和一声,马上打开电视机看动画片了。

在米米心里,她觉得父母越不让我这样做,我就偏要这样做。贪玩怎么了,又没有乱花钱,和别人打架……

米米妈妈命令式的语气换来的只是随口应和,米米仍旧贪玩,有时候甚至比以前玩得更厉害了。米米妈妈看到这种情形,也越来越无奈。

父母不准、不许孩子这样做,只会让孩子把注意力集中在不许做的这件事情上,孩子更有兴趣去这样做。那父母应当怎样改变孩子这种不良习惯呢?

解决：用积极的方法告诉孩子"允许"的事

为了能够让父母的教导产生良好的效果，父母应当摈弃那种"不准"、"不许"的口气，用积极的方法告诉孩子应当怎样做，告诉孩子"允许"的事情。

盈盈今年3岁多，有一天，邻居的陈妈妈过来对盈盈妈妈说，盈盈咬了她的孩子一口，盈盈妈妈当时很惊讶，盈盈什么时候有了爱咬人的习惯啦？

其实，盈盈妈妈也知道很多小孩子有咬人的习惯，但还真的无法接受自己的孩子也会这样。

现在确实发生了，该怎么办？

盈盈妈妈心想：如果告诉她"不许咬人！我们家里不许咬人"，用这样的方式来纠正她的行为，最终可能会导致更多类似的事情发生。我应该清楚地告诉她要做什么。然而，我要做什么？我该怎么做呢？

到了第2天，当盈盈妈妈抱起盈盈的时候，昨天的情形也发生在了她的身上：当妈妈抱着盈盈时，盈盈又在她的肩膀上狠狠地咬了一口。钻心的疼痛让盈盈妈妈坚定，一定要让盈盈改掉这个习惯。

当下，盈盈妈妈就对盈盈说："噢，你想咬东西，是不是？来，咬这个……"说着，盈盈妈妈给她一个苹果，鼓励她去咬，并用语言来强调："我们吃东西时，用牙齿咬，这是给你吃的东西。"

当然，盈盈不是真的饿了，只是很吃惊，然后注意力就被突然出现的食物转移了。这似乎非常有效，她很快就觉得咬人没意思，经过几次这样的处理之后，盈盈再没有咬过人。

盈盈妈妈的做法就是把"不允许"变成"允许"，它是基于"行为本身并没有好坏"的想法。不好的行为往往是因为场合和时机不对，或者实施的方法不对。

那父母应当如何实施这种方法呢？

首先，当父母不允许孩子做某些事情时，问问自己：在什么地点、什么时间、

问题 24 "不准打人,不准在床上吃东西"

以怎样的方式做这件事是被允许的?

然后,父母要告诉孩子:允许在什么地方、什么时间、用什么方式做这样的事情。

比如说,父母会对孩子说:"不许叫!不许在那里(墙壁,桌子,书上……)画画!现在不许做这件事!"

其实,父母可以这样说:"在家里,这个声音太大了;你想大声叫喊,可以到外面去;噢,你想画画吗?来,在这张纸上画;你可以吃完饭再做!"

当某种行为在某种情况下被允许时,要把孩子的注意力吸引到这上面来。例如,在吃饭的时候咬食物,或者在球场上踢球。这有助于孩子把特定的行为与恰当的环境联系起来。

当父母把"不允许"变成"允许"时,就会出现这样的结果:孩子对不允许的事情不再感兴趣了。他们会觉得,父母的注意力似乎并没有被吸引到这件事情上来,因为父母根本没提这些事。

而在这个过程中,父母可能会觉得,自己在给孩子一些奇怪的选择。比如,盈盈妈妈在第一次把苹果拿给盈盈的时候,她确实觉得自己这样做有些奇怪。其实,盈盈妈妈不就是想让盈盈改掉咬人的习惯吗?能做到就行啦!

一位母亲在运用这种把"不允许"变成"允许"的方法之后,感慨地说:"我喜爱这个方法,它让我把孩子的行为(原本我不允许的)和我对他的要求,变成我们都能接受的方式。用这种方法处理问题,我感到更从容、更平静了。"

练习了把"不要做"变成"要做",把"不允许"变成"允许"之后,我发现,在我准备要对孩子说"不"时,我会经常问自己:"我怎样才能说'是'?"这给了我更多的机会去找到更有效的方式,而不是用一个很生硬的"不"去解决问题。

不厌其烦地告诉孩子不许做这个、不许做那个,孩子会产生抵触情绪,甚至怨恨父母。父母应当告诉孩子允许他做的事情,告诉他们在什么时间、什么地点、以怎样的方式做这件事情,这样才能让孩子拥有正确的、良好的言行举止和生活习惯。

站在孩子的立场多想想

要和孩子交朋友,要多站在他们的立场想问题。有老师向父母反映孩子上课吃泡泡糖。虽然不是大事,但孩子原来不是这样的啊!于是母亲便在超市里跟孩子聊起这事,才知道,原来是因为老师怀疑孩子抄作业,孩子感觉委屈,才在该老师的课上捣乱。

一句"劝告"胜过百句"命令"

将命令改成建议

许多孩子不乐意跟自己父母说心里话,觉得上一辈的人不会理解自己的处境和心情。因此,当父母居高临下地给他们下达命令时,孩子的心里是极其不情愿的。父母不妨将"命令"用建议的口气传达给孩子,孩子听到父母的建议会感到自己被尊重了,因此也更愿意接受父母的建议。

多给孩子发言权

很多家长有着严重的父权、母权思想。动不动就说"大人的事,小孩别管"、"大人讲话,小孩别插嘴",这很容易使两代人产生代沟,又怎么能让孩子畅所欲言呢?

把孩子当作自己的朋友,就必须给他们发言权,不管他们的想法是否正确,是不是单纯。只有这样才能和孩子走得更近,彼此之间的关系也才会更亲。

问题 25

"小祖宗，求求你了"

疑问：拿孩子真没办法了

当孩子哭闹、闹情绪的时候，一些父母经常采取苦苦哀求的方式，试图让孩子停止那些不适当的言行举止。

"我的孩子今年4岁了，但非常调皮，总喜欢闹个不停，怎么说道理都没有用。有时候，我不得不无奈地苦苦地哀求孩子：'孩子，求求你别再这样了，好吗？'"

"我的孩子今年也是4岁，刚进幼儿园，可没几天，老师就打电话来说，孩子喜欢骂人，不管是小朋友还是老师，都逃不过他的谩骂。要是有人和他对着干，他甚至还会打人……一个月下来，几乎每个小朋友都受过他的打骂。我刚开始都是好言相劝、苦口婆心，但孩子视若无睹。最后，我只得抓着孩子的手对孩子说：'孩子，妈妈求你了，别再打骂其他小朋友了，好不好？'"

闹闹这孩子今年快4岁了，就和他的名字一样非常爱闹，常常闹得父母心力交瘁，稍微严一点，孩子就摔东西，可也不能任其闹下去，真的是让父母烦恼不已。在没有办法的时候，妈妈声泪俱下地对闹闹说："闹闹，妈求你，别再闹下去了，好吗？"

很多父母真的是没有办法了……

心理：哀求孩子没有用

孩子在屡次说教之下仍然不知改正的时候，很多父母就会采取哀求的方法，其实，对于孩子来说，哀求不管用。

事例一：父母跪在儿子面前

小飞的母亲林女士说起了他们夫妻两人跪在儿子面前，苦苦哀求孩子不要夜不归宿的事情。

那一天，小飞像往常一样背着书包去了学校，可当晚孩子没有回家。林女士万分着急，夫妻两人赶忙打电话问老师和同学。

原来，小飞早上只上了1节课，就请同学给老师捎话，说是"去医院打针"，结果，一整天没有上课。

不仅如此，之后的连续4天，小飞都没有到学校上课，而且也没有回家。事后，林女士夫妻两人才知道，小飞这几天白天和晚上都是在网吧度过的。

第5天，小飞身上的钱花光了，回家要钱，接着又要出去。林女士和丈夫答应给钱，只是要求小飞不要去网吧，不要在外面过夜。然而，儿子不答应，寻死觅活，表示要和父母断绝关系，永远不再回家。

最后，林女士和丈夫无奈地给儿子下跪，让小飞别上网了。可是小飞就是不答应，还说干脆不去上学，呆在家中。

虽然小飞不是学龄前儿童，但是小飞这样的现象也是叛逆的表现，是孩子的第二个叛逆期，前面已经说过，学龄前的阶段是孩子的第一个叛逆期。

事例二：就是不让阿姨走

小兵今年4岁，非常可爱，可就是爱闹腾，常常让父母束手无策。

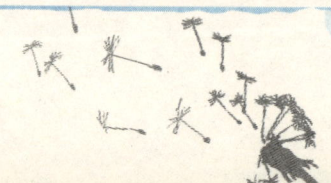

问题 25 "小祖宗,求求你了"

这一天,家里来了客人,是小兵妈妈的老同学。正当几位长辈聊得开心的时候,小兵由奶奶领着回家了。

回家后的小兵一看到有陌生人,不仅不怕生,反而突然扑在了阿姨的怀里,把小兵妈妈的老同学吓了一跳,也万分尴尬。

之后的半个小时内,小兵总是缠着阿姨,还掀起她的衣服来,两位同学都被小兵的胡闹弄得无可奈何。

没多久,客人要走了,可小兵却闹得更厉害了。

刚开始是不让阿姨离开,强拉着衣角,可阿姨确实该回去了,家里还有事情呢,怎么办?

小兵妈妈只得哀求孩子说:"兵兵,阿姨还有事情,今天必须走了,以后还会经常来看你的,妈妈求求你,放开阿姨的衣服,让阿姨走,好吗?"

然而,小兵根本不听劝。最后是趁着小兵没注意,才挣脱的。可用这种办法,小兵的心里自然得不到慰藉,闹得更加凶了。

小兵妈妈依然苦口婆心地哀求孩子,让他别再闹腾了,可小兵却不为所动,依然大哭大闹,甚至躺在地上打滚了……

从以上两个例子可以看出,面对叛逆期的孩子,父母的哀求没有效果。父母哀求孩子,只会被孩子完全控制,最后不仅什么事情都解决不了,对孩子的成长教育也没有任何好处。

既然哀求孩子没有用,那父母应当如何面对孩子的那些爱闹腾、哭闹的现象呢?

解决:把哀求换成惩罚手段

哀求孩子是不管用的,父母只有将哀求转换成恰当的惩罚手段,才能很好地"整治"孩子的那些"烂摊子"。

在孩子漫长的成长道路中,父母对孩子进行适当的惩罚应该说是在所难免的。而且,现在的一些父母,也已经很少有"棍棒底下出孝子"的传统观念了,相反,更多的父母对孩子过多地、毫不吝啬地赞美和夸奖。其实,在孩子做错事

情的时候,父母也应该"奖惩分明"。

可说到惩罚,可能很多父母会想到棒打、罚站、打屁股、关禁闭等等。实际上,除了这些比较不恰当的体罚之外,还有很多更恰当的办法。比如,父母可以"罚"孩子做家务,帮妈妈一起擦擦桌子,叠衣服等。怎样惩罚,什么样的惩罚适度,非常值得父母深思。

如果确实要体罚孩子,也要记得几个原则。

首先,体罚要及时。父母应该尽可能在孩子发生不良行为时马上加以惩罚,因为在孩子心目中,事情的因果关系是密切的,如果事情过去几天再惩罚,或几件事加起来一起惩罚,孩子会不明就里。

其次,体罚要顾及孩子的自尊心。不要在公共场所和外人面前打孩子,以保护孩子的自尊心。当然,体罚也要适度,不然只会适得其反。

最后,要记得摸摸孩子的脸或抱抱孩子,让孩子知道爸爸妈妈还是爱他的。只要改正了错误,还是爸爸妈妈的宝贝。

以下几个例子是国外父母的做法,大家可以做个参考。

惩罚教育从小做起

美国的父母很注意孩子个性、创造性、独立性与心理健康等问题,因此,很多美国父母都会慎重地对待惩罚,从孩子出生开始,他们就会考虑如何惩罚孩子以及怎样掌握惩罚的"度"的问题。

美国妈妈从来不打骂孩子,因为他们认为打骂会损害孩子的自尊。lily今年3岁半了,有一天,lily咬了妈妈,妈妈说:"哦,你把妈妈咬痛了。"与此同时,妈妈留下lily独自在房间,离开她一会儿以示惩罚。

每次lily有比较过分的举动,妈妈都会用很严肃的眼神看着女儿,大多数时候,乖巧的女儿立刻就会明白妈妈的意思,并对自己的行为进行检讨。而当女儿不乖的时候,或者她的错误比较严重时,lily妈妈就会采取一些措施对女儿进行惩罚,比如取消周末女儿最喜爱的活动等等。

另外,幼儿园老师也会对孩子的不良行为进行惩罚,比如让犯了错误的孩子一个人到某个角落单独呆上几分钟。当孩子意识到他所犯的错误带给了自己麻烦之后,老师就会抓住时机对孩子进行教育,让孩子明白自己究竟错在哪里。

问题 25 "小祖宗,求求你了"

倘若孩子过分调皮捣蛋,幼儿园老师还可同家长联系,让家长一起参与来教育孩子,甚至会请家长把孩子领回家教育好了再送回幼儿园。

惩罚是养育智慧的摇篮

英国的父母确实是爱孩子的典范,他们对孩子的爱体现在生活的方方面面,但又绝对不溺爱孩子。

每当孩子出现不良行为,英国父母也会采取一些惩罚措施,但是他们的惩罚十分耐人寻味。

一位妈妈说:"女儿4岁时,有一天,我给她买回一只会学多种小动物叫声的特别漂亮的玩具小闹钟。女儿对那只小闹钟爱不释手,为了弄明白闹钟'肚子'里的秘密,她将闹钟拆了个稀巴烂。可自己又无法重新组装,于是开始大哭。"

我平静地对女儿说:"你把闹钟弄坏了,你可以试着自己把它修好。如果需要帮助,找妈妈。"女儿马上自己动手开始修理小闹钟。虽然最终她没有把小闹钟修理好,但是整个过程给了她不少体验与锻炼,她从中学到很多知识。

惩罚要尊重孩子

在日本的家庭里,父亲是绝对的权威。如果孩子犯了错误,爸爸会采取各种措施惩罚孩子。比如取消孩子外出玩耍的计划,甚至让孩子饿上一顿,或者进行适度的体罚等等。

但是,如果孩子在公共场所犯错,他们一般不会当众处罚孩子。

一位日本父亲说:"在公共场所处罚孩子是不符合礼仪规范的行为,而且也会损害孩子的自尊。因此,我会在回家之后再对孩子的表现进行点评,或者给孩子一些惩罚。"

总之,父母可以惩罚孩子,但要适度,而且尽量不要体罚孩子;在惩罚孩子的时候,要顾及孩子的自尊心,不要在公共场所惩罚孩子。此外,父母要让孩子知道为什么惩罚他,好让他改正错误,并与表扬相结合。只有这样才能更好地教育孩子。

解决难倒父母
的36个问题

孩子聪明活泼，长辈们都非常喜欢。但是孩子一上街就要买这买那，不停地索要。这一点让父母无可奈何。

对"无限索取"型的孩子说不

典型特征：这种孩子大多在家中非常受宠，而且习惯了父母给自己买礼物，所以一出门就向父母索要东西，父母不答应时就大哭大闹。

冷却策略

坚持立场

有时，父母因讨厌孩子的哭闹就满足了孩子的欲望。这对孩子人格的塑造是非常不利的。父母可以明确地告诉孩子：如果用哭闹的方式来索要东西，父母一定不会答应你。

统一战线

面对孩子索要物品的情况，父母要协商好并坚持统一战线，抵制孩子瞒着一方向另一方索要物品的不良行径。

家庭"股份制"

当孩子遇到非常想要的物品时，家长可以采取"股份制"的方式，各出一部分钱来购买。这样有利于控制孩子"想买就能买"的心理，也会让孩子明白每一件物品的来之不易，从而更学会珍惜所买的物品。

问题 26

"如果得到小红花,就奖励"

疑问:奖励的许愿诱导孩子进步

红红刚进幼儿园不久,虽然没有犯过大的错误,但红红父母却还是忧心忡忡,因为他们觉得红红没有进步。

为了鼓励红红,红红父母开始想方设法地教育和引导孩子,为此还和红红一起制定了一套奖励制度。

其实,幼儿园也是有很多表扬和激励的奖励制度的,比如,哪个小朋友画画最棒就能够得到小红花。

因此,在红红父母的奖励制度中,就有这么一条:如果红红能够得到一朵小红花,就奖励孩子,红红喜欢什么,只要不过分,就给买;或者让孩子多玩半个小时等等。

反正,红红父母就是想通过这个奖励制度,让红红在幼儿园中能有好的表现,激励孩子进步。

为了能让孩子进步,一些父母都会设立奖励制度,以此鼓励孩子。红红父母这种以许诺孩子的方式奖励孩子的办法有用吗?能不能诱导孩子进步呢?

心理：物质奖励带给孩子的心理变化

物质奖励究竟能不能激励孩子进步呢？它会给孩子带来什么样的结果呢？这就需要从孩子在得到物质奖励之后的心理变化来评判。

心理学家德西曾讲述了一个寓言，这个寓言广为流传，最后被称作"德西效应"：

有一位老人家，他很喜欢清净，但这些天却来了一群孩子在他门前嬉闹，声音非常大。

接连几天之后，老人家实在是无法忍受了，必须想办法让他们赶紧离开。但用什么办法好呢？总不能来硬的吧！

于是，那一天，当那群孩子在他家门前嬉闹时，他出来给了每个孩子10美分，并对他们说："你们让这儿变得很热闹，我觉得自己年轻了不少，这点钱表示谢意。"孩子们很高兴。

第2天，这群孩子感觉"有利可图"，仍然来了，一如既往地嬉闹。老人家又出来了，这一次给了每个孩子5美分。5美分也还可以吧，孩子仍然兴高采烈地走了。

第3天，老人家只给了每个孩子2美分，孩子们却非常不高兴了："一天才2美分，知不知道我们多辛苦！"

孩子们向老人家发誓：他们再也不会来他家门前玩了！

老人家最后还是成功地请走了那群嬉闹的孩子。在这个寓言中，老人的方法很简单，他将孩子们的内部动机——为自己快乐而玩，变成了他们的外部动机——为得到奖励而玩，而他操纵着奖励这个外部因素，所以也操纵了孩子们的行为，最后达到了目的。

德西效应在父母对孩子的教育中经常出现。比如，父母经常会对孩子说："如果你这次考得100分，就奖励你100块钱"、"要是你能考进前5名，就奖励你一个新玩具"等等。

问题 26 "如果得到小红花,就奖励"

为了让孩子好好学习,父母往往会想尽各种办法。他们经常会许诺孩子:"如果期末考试分数排名班级前 10 名,爸爸奖励你一部新款手机、妈妈带你去欧洲旅游……"

家长们也许没有想到,正是这种不当的奖励机制,将孩子的学习兴趣和积极性一点点地消减了。

不仅如此,一些家长因为这样或那样的原因,对自己做出的"许诺"无法兑现。对孩子来说,这更是雪上加霜。

因此,父母应当尽量不要对孩子实行这种"许诺"式的奖励制度,就算是在逼不得已的情况下为孩子制定奖励制度时,也要做到言而有信。

解决:物质奖励比不上精神奖励

物质奖励的弊端越来越明显,而精神奖励更注重孩子的内心,能更好地调动孩子的兴趣和积极性。

物质奖励和精神奖励,哪个更重要

为了得到这个问题的答案,一个心理学家做了一个实验。

这位心理学家挑选了一些喜欢绘画的孩子,并把他们分为了两组,让他们画画。在画之前,第一组的孩子们得到了一个许诺,"画得好,就给奖品";而第二组的孩子们则只是被告之,"想看看你们的画"。

之后,两个组的孩子都兴高采烈地画了自己喜爱的画。这位心理学家很遵守诺言,第一组的孩子们得到了一些奖品,而第二组的孩子们只是得到了几句平常的赞扬。

几个星期以后,在没有任何事先告知的情况下,这位心理学家发现,第一组的孩子们大部分都不会主动去绘画,他们绘画的兴趣和积极性明显地降低了。然而,第二组的孩子们则仍然和以前一样,愉快地绘画,对绘画的兴趣和积极性不仅没有减少,似乎还有递增的势头。

为了让这个实验更具有普遍性,这位心理学家把这个实验"搬"到了更多的国家。它曾在不同的国家、不同的兴趣组里进行过,但是,实验结果得到了反复的验证。

这个实验告诉我们,奖品固然可以强化某种良性行为,但它又有使孩子只对所获奖品感兴趣而对被奖励行为本身失去兴趣的危险。而类似赞扬这种精神上的激励,对孩子来说更重要、更有效。

知道了赞扬等精神鼓励对孩子的重要性之后,我们也不难想象孩子在幼儿园为什么对老师的话那么重视了。

如果哪天孩子在幼儿园里得到老师的表扬,哪怕只是今天吃饭很快!或者圈圈画得很圆!他也会兴奋很久,回到家忙不迭告诉爸妈,然后第2天就可能早早盼着去幼儿园。老师当着小朋友的面这样表扬他,说明他很能干、做得好,其他小朋友都要向他学习呢!

这就是精神奖励的作用。

如何进行物质奖励和精神奖励

既然我们已经知道,不恰当的物质奖励对孩子的长远发展并没有好处,那么,在生活中,我们该如何做好物质奖励和精神奖励呢?

首先,不对孩子承诺物质奖励。

在生活中,父母不应经常对孩子说"如果你能做到……我就给你买……"之类的话。当孩子听到这样的话时,孩子努力的目的就不是为了事情本身,而更多是为了获得物质奖励。

可能一些父母会反驳说:"如果孩子确实做得非常好,我们给孩子一些奖励,也是无可厚非的。"当然,奖励可以给,但是父母更应该明白,物质或金钱奖励所带来的"弊"往往大于"利"。为了孩子的健康成长,父母不要常常给孩子做物质奖励的许诺。

而如果孩子主动提出说"我要是学习好了,您就给我买手机"之类的话,我们就要让孩子知道,"学习好"是应该的,而是否购买手机,则完全看孩子的需求。

因此,父母要让孩子知道"学习好"与"买手机"之间没有任何重要关联。只要父母的态度坚定,孩子以后就不会提出这样的要求了。

问题 26 "如果得到小红花,就奖励"

况且当孩子做好一件事情的时候,都会有一定的成就感,并或多或少地得到周围人的肯定。这种成就感和肯定,对孩子而言,就是一种莫大的鼓励,那父母又何必要用物质和金钱去"鼓励"孩子呢?

其次,重视对孩子的精神奖励。

一位教育专家曾经说过:"一个人除物质需求外,还有被人尊重、被人爱、被社会认可、被人理解等多方面的精神需求。因此,父母在选择激励方式的时候,不妨多给孩子一些精神鼓励。"

比如,在孩子蹒跚学步的时候,父母绝不会对孩子说:"如果你能跑起来,我就给你 10 元钱。"这个时候,父母都会无条件地为孩子"加油",当孩子做到时,父母会毫不吝啬地说:"嗯,你真棒!"简单的语言让孩子感受到无穷的力量。

因此,父母对孩子的鼓励应当从物质奖励转化成精神奖励。当孩子进步了,父母可以鼓励孩子说:"不错,做得很好!"除此之外,父母也可以给孩子诸如一个满意的微笑,一个赏识的眼神,一个亲切的拥抱,一次有力的握手,或者拍拍孩子的肩,摸摸孩子的头。此时,孩子的满足感一定不比物质奖励微弱,甚至会更强烈。

最后,物质奖励和"礼尚往来"不一样。

我们不提倡物质奖励,但不完全杜绝家庭成员间的"礼尚往来"。"礼尚往来"对一个孩子的成长是非常重要的。

因此,当孩子过生日、逢年过节、要远行、走入另一个人生阶段的时候,父母完全可以给孩子送上一份他喜欢的礼物。这样的礼物是对孩子的祝福,与孩子是否进步,毫无关联。当孩子收到了这单纯的礼物时,会感受到父母对自己深深的爱。

解决难倒父母的36个问题

在家庭教育中，父母应恰当地使用赏识教育，因为很多时候有出息的孩子不是"骂"出来的，而是"夸"出来的，家长要永远相信您的孩子是独一无二的。

奖励前，做个有心人

家长不要总将自己的期待强加于孩子，因为将来的日子你不可能替他过。

奖励的方式有很多种，不过要根据孩子身心发展的规律。无论哪个阶段，家长都应明白奖励的技巧、方向、目标定位是什么。

奖励的技巧需要不断修正的，有时孩子需要的可能就是一个拥抱，这都需要家长对孩子有足够的观察和了解。

问题 27

"闭嘴，别再说话了"

疑问：孩子说个没完，烦人

有一些学龄前儿童喜欢说话，话非常多，一打开话匣子就没完没了，常常让一些父母非常烦恼。

"我的孩子今年3岁多了，特别能说，不像一些同龄的孩子，有些同龄孩子还刚刚学会说话呢。可他确实话太多了，感觉邻居们都不太喜欢他了。我想也是，连我都会觉得烦，何况是别人呢？"

还有一位母亲说："我的小孩特喜欢说话，小嘴特能说，一直都不停，有时候搞的人挺烦的，还喜欢把家里的事到处对别人乱说，好动，静不下来。说话不经过大脑思考，嘴巴动的比脑子快。"

"……缺心眼，什么该说什么不该说都不知道，有一次老师让他下课去他那，老师想单独培养他某一方面的才能，结果他跟别的小孩说，拉了一群小孩去了……跟他单独说的话让他不要说出去，他立马就会跟人家说，比如，有小孩喜欢骗他，我们就告诉他不要跟那个小孩玩了，他当着那小孩和他妈妈的面说：'我妈妈说不让我跟你玩了。'"

孩子怎么这么爱说话,太烦人了,他们到底想要表达什么呢?

心理:孩子说话,想表达什么

一些孩子为什么会这么多话呢?原因在于父母对于孩子的鼓励以及孩子强烈的好奇心,孩子想表达的正是自己的好奇。

爱说话的孩子通常是讨人喜欢的,但是有时他们没完没了的话匣子也会让人烦恼,一些父母不禁会联想起生活中一些多话的同事或者朋友,担心孩子会发展成自己所不希望的样子。

那为什么孩子话这么多呢?其实,孩子多话往往起源于牙牙学语的阶段。

在这个阶段,一些孩子早熟的发音能力和语言能力经常博得父母的注意、夸奖和惊喜。而父母鼓励得越多,这些孩子就越能说。

事实上,赞扬和夸奖的确有助于提高孩子的词汇量和语言表达能力。然而,正因为如此,有一些孩子就会慢慢地养成过于注重口头交流的习惯,在他们的心里,说话就等于聪明。

一旦多话的习惯养成,孩子会在不自觉中喜欢说、不喜欢听。随着孩子慢慢长大,尽管他们的话不再受到那么多重视,但是他们已经很难从沉默的聆听中得到快乐,只有在滔滔不绝地说话时,他们才能找到好的感觉。

另一方面,随着孩子的成长,对外界环境的好奇,也促使他们说更多的话,以此得到更多的认知。

一位妈妈说:"我的孩子还有20天就满4周岁了,讲话很早,7个月时就学会了叫妈妈,1周岁时就能说简单的5个字的句子,智力发育也不错……"

"小的时候,在陌生人面前很害羞,可现在只要睁开眼就说个不停,一天到晚问为什么,有很多莫名其妙的问题,安静不下来……"

"之前他和奶奶回了趟老家,在那里住了1个多月,当我问他为什么这么多话时,他说在老家他疯了,真的很难相信这是1个不到4岁的孩子的话。"

诚如这位妈妈所言,专家告诉我们,4岁的孩子正处于多话阶段,一些4岁

问题 27 "闭嘴，别再说话了"

左右的孩子话非常多，不但喜欢说给别人听，也常常自言自语。一些父母常常抱怨："他只要一醒来就不停地说话。""烦死人了，真恨不得用胶带把他的嘴巴封起来！"

父母们如果仔细观察孩子的发育过程，就可以发现三四岁是孩子成长最快的阶段，大部分的日常会话都是在这个时期学会的。他们学说话就像学英文一样，通过在日常生活中反复练习，得以熟练。可以说，4岁左右的孩子是无师自通的实践家，父母应当了解这个阶段孩子的说话特点。

一般情况下，4岁左右的孩子所学的词汇大约在1500个～2000个左右，就以"因为下雨，所以要带伞"这句话为例，4岁孩子已经学会在主句与分句之间加上"因为、所以"这样的连词了。

也就是说，他们所说的句子已经有完整的结构，有时冒出的一句："爸爸再见，要小心哦！没事的话早点回家，妈妈在家等你呢！"会让父母惊讶万分。

孩子能够将不知从何处学来的话非常顺溜地说出口，正是4岁左右的孩子的特征。此外，孩子还能够有板有眼地脱口而出他自己不明了的词汇，这也是这个阶段的孩子常见的现象，其中唯一的缺陷是这些词汇发音不准确，但这种现象到了5岁就会改善。

如果词不达意的话，他们还会发脾气呢！此外，由于说得太快，别人无法理解时，也会因着急而产生口吃现象。

总而言之，孩子多话是父母鼓励和孩子自身要求的结果，是孩子成长的表现。那父母应当怎样帮助多话的孩子呢？

解决：说话时，要记得尊重孩子

为了不让孩子爱说话的个性被磨灭，让孩子用更好的方式说话，不在孩子的成长道路上抹黑，当孩子说话时，父母应当懂得尊重孩子，学会倾听孩子的话语。

画眉为何比鹦鹉更受欢迎

话说鹦鹉和画眉都有不少好朋友，然而，画眉却总是更受大家欢迎，鹦鹉觉得很不公平。

于是,鹦鹉对画眉说:"我看不出我哪里不如你,我和你一样对别人热心、对朋友忠诚;如果朋友遇到烦恼,我总是苦口婆心地给他们讲道理、出主意。而你呢,什么都没做,也没看见你提出过什么有价值的建议,但为什么大家更喜欢你呢?"

画眉说:"我以前和你一样,自认为对世界上的很多东西很在行,所以发表了很多评论和见解。可是有一天,当我闭上了嘴巴,更多地倾听时,我发现人们更喜欢我。因为我在听的时候,他们分别在我这里找到了关心、支持、信心和爱。而我发现,那些沉默的鸟儿们,想法其实一点也不比我少。"

从这个小故事中,我们可以看出,倾听孩子说话能够让孩子从父母身上得到"关心、支持、信心和爱",这就是尊重孩子的表现。

然而,现实中很多父母对孩子的话却表现出不耐烦的情绪:

直接让孩子闭嘴。一个6岁的孩子,说起话来可能滔滔不绝、没完没了,对于这种情形,一些父母就采取了最简单的方式:直接让孩子闭上嘴。在有的家庭里,父母甚至作出规定,绝不允许孩子说个没完。

不管孩子说什么,大人都不予理睬。在这种情况下,孩子只能自言自语,或只有跟空气对话了。他们跟大人之间,丝毫没有互动,没有交流。

假装倾听。实际上仍在忙自己的工作,想着自己的心事,偶尔说一声"嗯、啊"或者"好极了",以此应付孩子。

那父母应当怎样正确倾听、尊重这些多话的孩子呢?

倾听孩子说话

父母应当认真地倾听孩子的每一句话,尽可能去理解这些话的含义。

首先,当孩子跟父母说话时,父母应尽可能放下手中的事情,听孩子说话。这样做能让孩子觉得父母很在意听他说话,孩子感觉受到尊重和鼓励,也很愿意说出自己的心理感受。

其次,父母要肯花时间、有耐性,做个有修养的听众,"用心"倾听孩子的心声,"用心"走进孩子的世界,积极发现孩子的优点,然后对孩子的优点进行发自内心的赞扬、鼓励,在这个过程中尽量不要批评孩子。

只要父母耐心地这样去做，了解、关怀、接纳孩子，孩子就会很乐意和父母在一起，他们的心理会更健康，成长也更快。

第三，可以选择性地倾听。当孩子的话过多时，可以当孩子说到某些似乎重要的事情时，父母才认真倾听，并集中注意力，以最少的时间获取最多的信息。在这个过程中，要注意选择性以及信息遗漏。

鼓励他们的其他兴趣

父母可以挑选一些和孩子一起进行的活动。这些活动应该是可以鼓励他们利用自己的精力和行动、可以吸引他们的注意力、减少他们说话的活动，比如骑车或者棋牌类游戏等。

正确引导他们的谈话

其实，多话的孩子之所以有时不讨人喜欢，是因为他们的话往往重复、没有意义、平淡也缺乏组织。

而多话的孩子往往有着比较强的语言能力，他们需要的是父母正确的指导，让他们的谈话更有创造性、建设性和清晰的逻辑结构。

由此父母可以鼓励他们写故事、日记、信，给儿童杂志写文章和诗歌。对这些写作形式的热情既能让孩子的语言能力得到充分的发挥，又可以避免一些无意义、让人烦的谈话。

帮助他们找到"发泄的舞台"

幼儿园中的各种活动，或者和小伙伴的游戏是多话的孩子最好的舞台。在这些活动中，孩子们会不自觉地强迫自己在说话前做比较深刻的思考，这不但能使他们从思考中得到乐趣，提高他们的思维能力，在这些活动中他们也可以获得更多的听众，重新找到自信和自尊。

尊重孩子是鼓励、引导孩子朝着正确方向前进的基础，父母应在孩子的话特别多的时候，尽量倾听、尊重孩子的话。

让孩子拥有"权力感"

很多父母面对孩子的种种要求,总是敷衍了事。其实,这是孩子有主见的表现,他希望调动和支配周围的一切。这不是自私,而是由于在成长的过程中,孩子慢慢感觉到权力的存在。因此,父母要从以下四个方面引导孩子去认识"权力"。

不要压制孩子的主见

父母当然认为自己的权力比孩子大得多,所以很多孩子的梦想是长大"当爸爸",因为爸爸总是对的,而且干什么都可以。父母在权力方面表现得过于强势,就会压制住孩子的主观意识,结果便会造就一个没主见且脾气暴躁的孩子。

支持孩子自己做主

孩子脾气大、有主见,父母应该"改堵为疏"。例如当孩子不睡觉时,妈妈可以说:"孩子,早睡才能有好身体,明天才会有精神玩耍。你自己想想吧。"当孩子做出为自己利益的选择时,便体会到了主动权的妙处。

父母保持适当的权威

许多父母都认为家长必须拥有绝对的权威,这当然不利于孩子健康成长,不过父母还是要保留起码的权威,否则就难以对孩子身上的缺点进行威慑和矫正。至少要让孩子明白,父母拥有一票否决权。

让孩子信守承诺

要让孩子明白,要想获得更多主动权,就必须更加自律和自制。

问题 28

"好吧，好吧，下不为例"

疑问：妈妈总是心太软

一些父母在教育孩子的过程中，或多或少地会表现出"心太软"的现象。

"孩子那么小，我真的不忍心让他受这么多苦，于是很多时候，我就帮助他完成一些事情，生活上的照顾就更不用说了，几乎是无微不至、体贴入微，我真的不想让孩子有后顾之忧。"

"我知道孩子需要接受挫折教育，也和孩子一起制定了一些规则和制度让孩子遵守。但每当看到孩子那种委屈的样子，我的心就开始软了。这时候，如果孩子提出暂停规则或者稍作休息时，我就会很干脆地答应。看到孩子那股开心的劲儿，我也很开心。"

鑫鑫今年5岁，由于太贪玩，妈妈就和他约定，每天只能玩一会儿。刚开始的一小段时间，鑫鑫还可以遵守，可时间一长，问题就出现了。

那一天，鑫鑫吃完饭后照例看着他心爱的动画片，可能是看得不过瘾，还想再玩一会儿，于是就和妈妈说："妈妈，我想再玩一会，行吗？"妈妈当然说："不行！"鑫鑫又哀求说："就一次嘛，以后我保证会听您的话的，好不好嘛？"说完，满面愁容。妈妈看着孩子的样子，心疼了，心想也不能对孩子过分严格，于是就答应了孩子的请求,让他再玩耍了半个多小时才睡觉。

看来,妈妈"心太软"的现象并非个例,也是意料之中。那孩子是如何虏获妈妈的"心"的呢?

心理:妈妈不同意,我就哭

其实,很多父母在面对孩子的请求时,起先都是不答应的,可当孩子大声哭闹之后,父母就显得手足无措了,于是说:"好吧,好吧,但下不为例哦。"这实际上已经被孩子的哭声虏获了。

商场里的哭闹声

南南有5岁了,父母非常溺爱,甚至娇生惯养,于是南南逐渐养成了"想要什么就要什么"、"说一不二"的习惯。

这一天,妈妈带着南南来到商场买东西,刚一走进玩具区域,南南就喊着要买玩具。但是,妈妈觉得家里已经有很多玩具了,而且又不经常玩,就不打算给他买。

然而,南南可不这么认为,他觉得那个玩具车太好看了,一定要买,他抓着妈妈的裤子说:"妈妈,赶紧给我买吧,我要买玩具。"

妈妈看着南南这副死皮赖脸的样子,越来越生气,心里觉得是自己太过宠惯他了,就故意不随他意。

南南才不管妈妈想什么呢,他只有一个目的,那就是买玩具,其他的都可以不管。在几次哀求不成的情况下,南南彻底爆发了。

他干脆就躺在商场的地板上,放声哭喊,难以想象妈妈那时候的尴尬。劝说无用之后,妈妈被征服了,她说:"好吧,好吧,给你买一个,赶紧别哭了,起来,但是,你记住啊,下不为例。"

妈妈还是被南南的哭声打败了……

问题 28 "好吧,好吧,下不为例"

一位母亲的倾诉

一位母亲这样对心理专家说:"我的孩子今年 3 岁,身体状况良好,能吃能喝,就是不能听到妈妈说不行,甚至连商量的话都不行。"

比如,有一次,妈妈说:"儿子你乖乖地帮妈妈去把门关上好吗?"孩子却大声地说:"不行!"

此外,在别人家什么都好,会玩会闹的,而且别人说什么都没事,玩一天都不会哭。可在自己家里,情况却完全相反。

现在独生子女家庭比较多,每个孩子都是父母的宝贝,孩子要什么父母都会尽量满足。就算没有得到满足,当孩子以哭闹的方式和父母"对峙"时,父母往往乖乖就范,想买什么就买吧。

父母这样做的后果就是,从此以后,孩子想要什么物品,只要没有得到应许,就会以哭闹要挟父母,让父母陷入无法自拔的循环当中。

所以可以说,孩子的这种脾气是由父母平时纵容、姑息等"心太软"造成的。那父母应当如何"治疗"自己的"心软病"呢?

解决:治疗妈妈的"心软病"

正所谓心病还需心药医,治疗妈妈的"心软病"需要父母摈弃那些包办代替、过分溺爱孩子的"爱心",大胆地让孩子走出父母营造的"温室",接受现实生活中的挫折。

前段时间,有新闻报道说一位学生考取了国内某名牌大学。可入学之后,他不但不会换洗衣服,不会自己去食堂吃饭,还无法适应没有父母照顾的集体生活,无法在宿舍睡觉。入学不久,这位学生就因为生活不能自理退学了。

相信父母不想教育出这样生活无法自理的孩子。然而,生活中经常可以看到类似的现象:

学校组织出游,孩子恨不得把食品店都背着;当忘记带书本时,孩子会理直气壮地埋怨"妈妈忘记了";学校组织打扫卫生,孩子却让家长代劳;从来没有洗过衣服、袜子……

为什么孩子会这样?什么事情都要等待父母的到来,什么事情都无法自己解决呢?

这是由于父母的心太软,帮孩子代劳的事情太多,对于孩子的要求有求必应,事无巨细,无微不至。

的确,在日常生活中,不管孩子的大事小事,父母一律代劳,甚至孩子完全可以自己做的事情,也舍不得让孩子去做。

有些父母干脆告诉孩子,只要学习好,什么都可以不做,什么要求都会得到满足。这样培养出来的孩子,离开父母后怎能打理自己的日常生活啊?

一所学校对学生进行"在家是否做家务"的调查显示,有超过2/3的学生选择了"爸爸妈妈不让我们做,怕我们做不好"。显然,在现阶段,父母对孩子替代过多,鼓励不足。长期在这样状态下的孩子不但无法自理生活,更经受不了挫折和困难。

相比之下,国外的父母的心就比较"狠",可教育的效果却非常好。

"自己闯过来"

一对年轻的美国夫妻带着6岁的儿子在郊外骑自行车时,男孩的自行车突然陷进了泥地里,这对父母却只说了句"自己闯过来"就径直走了。

孩子实在骑不动,只能慢慢推过去。当孩子满头大汗地赶上父母时,父母夸赞儿子:"非常好!真像个男子汉!"

富豪儿子开吊车

美国大富豪洛克菲勒没有让自己的儿子享受优厚的待遇,而是让他一边在哈佛念书,一边还在码头开吊车打工挣钱。

很多人由此认为外国父母的心肠太狠,仔细想想,却是我们心太软,帮孩子做了本应由孩子做的事情。

问题28 "好吧,好吧,下不为例"

事实上,孩子早晚都要脱离父母走向社会,在教育孩子的过程中,父母应把培养孩子的自理能力放在重要的位置上,让他们离开父母的保护也能独立生活,能够解决生活中出现的各种问题。

为孩子塑造良好的性格和行为习惯,是父母传授给孩子一生受用不尽的财富,身为父母,不仅要有爱心、耐心、还需要"狠心"。

当然,不管是哪一位父母,都是心甘情愿地为自己的孩子做任何事情,从幼儿时期的吃喝拉撒睡,到长大后的升学、就业、成家立业,无时无刻不在替他们操心费力。当孩子小的时候,父母帮助孩子无可厚非,但是全部代替孩子,包办所有事情,只会适得其反。

所以,父母要培养孩子独立自主的意识和能力,引导孩子学习基本的生活技能,让孩子在游戏中学会如何与人相处,与自然和谐相处。期间,父母要心肠"硬"一些,让孩子早日长出独立的翅膀。

如何面对孩子的哭闹?

然而,孩子经常用哭闹要挟父母,让很多父母倍感棘手。那么,孩子用哭闹要挟父母怎么办?父母如何有效地加以制止?

"冷处理"。父母不应强迫孩子立即停止哭闹,而是静静地坐在一边,或者干脆去干别的事,等待孩子"冷静"下来,再跟他讲道理,使他认识错误,知道大哭大闹"要挟"不了父母,只有合理的要求,爸爸妈妈才会给予满足。

转移孩子的注意力。越是孩子感兴趣的事,越能更快地把孩子从哭闹中转移,比如让孩子玩喜爱的玩具,或打开电视,让他看喜欢的电视节目等。

此外,有的爸爸妈妈为讨得孩子的欢心,当着孩子的面批评其他成人,企图以此来制止孩子的哭闹要挟,这种方法不可取。父母这样做会助长孩子滋生将错误转嫁给他人的心理,削弱成人在孩子心中的地位,还可能使孩子哭闹得更凶。

家庭是培养孩子的地方,培育的目的是把孩子送到社会上去,家庭只是孩子人生的起点站,如果我们把家庭营造成一个"温室",那么孩子就成了温室中的弱苗,经不起"室"外的风吹雨打。

在父母看来,家庭的小气候肯定可以比社会温暖一些,是个避风港,这对未成年人是必要的。但是,"家庭温室"的"温度"不可高出学校和社会太多,还要随着孩子的成长而降低。否则孩子一离开温暖的家庭就会感觉寒风凛冽,孩子自然也得不到应有的成长。

消退法击垮商场大吵大闹

场景： 在商场的玩具专柜前，玲玲拿着喜欢的玩具不松手，但是看见妈妈仍不愿意买，她就哭闹，甚至摔东西。

孩子之所以发脾气，最常见的原因就是需求得不到满足。遇到这种情况，有的家长好面子，赶快买东西走人，还有的家长，当场就大打出手。这两种做法都不对。

但是，家长当场大打出手或训斥孩子也不行。小孩模仿能力特别强，遇事家长怎么处置，他也会从家长身上发现解决问题的方法。此外，3岁左右也是自尊心最初建立之时，家长当别人面对他进行批评，会损伤他的自尊。

喜欢的东西得不到，大人也会心情失落，这时孩子发脾气可以理解，但不能因此而满足他的不合理要求。否则，会强化他用发脾气来表达情绪的方式，甚至让他感觉只要自己发脾气就会什么事都如愿以偿。

专家建议： 当孩子为不合理需求而发脾气时，家长不妨先试试"消退法"——不关注他。当孩子的不良行为得不到他人的关注时，就会逐渐停止。等到孩子情绪平静以后，要明确告诉他发脾气的行为不对，同时，向他讲明为什么不能满足他的要求。

问题 29

"别管他，让他自己来"

疑问：孩子为什么这么任性

一些孩子很固执，什么事情都得由着他，对父母的想法和建议很抗拒，不服从父母的管教，对父母的要求视若无睹。

"我家妞妞真的让我很发愁，虽然很聪明、活泼，但也非常任性，喜欢乱扔东西，我拿她确实没有办法。"

"我的女儿今年4岁，不仅没有什么优点，而且很任性，不答应她的要求就大声哭闹。每次碰到她这样，我就哄她，给她讲道理，但都不管用。有时候我生气了，控制不住，就打她，她要么更大声地哭喊，要么闷闷地关在房间，更让人担心。"

斤斤就是这样一个任性的女孩子。

有一天，妈妈在熨衣服，斤斤非要抢妈妈的熨斗，想自己熨衣服。妈妈心想，熨斗这东西太危险，是绝对不能让孩子玩的，于是就好说歹说，让斤斤到一边玩耍，或者看电视去。

可斤斤已经有了好奇心，哪肯听妈妈的话，一定要自己试试看。妈妈手里拿着熨斗左躲右闪，斤斤则追着妈妈，一边叫喊着"我要！我要！"一边扑过来抢妈妈手里的熨斗。妈妈终于忍无可忍,在斤斤小屁股上拍了几下。斤斤委屈的泪水哗哗地落了下来。

这样任性的孩子,真的是很难管教,到底孩子为什么会这么任性呢?

心理:教育出来的任性孩子

现如今,很多父母都过于宠爱孩子,百依百顺,孩子想要什么物品,父母就迫不及待地满足他。久而久之,孩子会慢慢变得任性,只要不满足他的要求,就会哭闹,甚至歇斯底里,让父母不知所措,不知孩子为何会这样难以被驯服。

蕊蕊今年刚满4岁,前两年时,她很乖巧,非常可爱,父母也非常宠爱她。

有一次,蕊蕊在幼儿园的一次小考中得了零分,可她不仅没有感觉自己考得不好,反而认为得零分是件好事,回到家之后就自豪地大声高喊:"一二一,大零分。"

父母对蕊蕊的这种行为不但没有予以制止,而且还被她的可爱劲儿逗乐了。于是,一段时间后,谁也管不住她了。可以说,最近这段时间,蕊蕊变化真的很大。

蕊蕊现在说的每一句话,对父母来说都是"圣旨",吃、喝、玩、乐各个方面全都得由着她的性子,倘若不满足她或者稍不顺心,她就会哭闹或者在地上打滚,让父母很着急。

蕊蕊怎么会这么任性呢?这除了和环境因素有关外,主要还是父母不恰当的教育方法导致的。

不恰当的教育方法促成孩子的任性,孩子任性通常有以下原因:

1. 环境带来的挫折感

学龄前的孩子因为年龄小,没有足够的能力驾驭环境或者适应环境,于是他们不可避免地面临很多无法解决的问题。

这些无法解决的问题带给他们很大的打击,很容易导致孩子产生强烈的挫折感。这种挫折感来自父母的教育方式和孩子自我探索的活动。

例如,孩子想拿柜台上的玩具娃娃,尝试了几次都够不着,于是,那种来自他内心深处的愤怒和挫折的情绪就变得无法抵抗。

2. 身体状况欠佳

当孩子身体感觉疲倦、饥饿或有其他不适时,他就很容易变得不讲道理。

一般到下午三四点钟的时候,孩子玩累了,会感觉比较疲倦,如果这时遇上比较强烈的情绪冲突,他就会失去控制,变得非常任性。

另外,在孩子外出或者家里突然来了很多客人时,由于作息时间被打乱,给孩子的刺激过多,都会让他们感觉比较疲惫,因此变得比较任性。

3. 父母恶劣的态度

任性的孩子在发脾气时,无论在情绪上还是身体上都无法有效地控制自己。这个时候如果父母对他们大喊大叫,或者用与他们的行为方式相抵抗的方式来对待他们的反应,不仅于事无补,还很可能会进一步激化孩子的恶劣情绪,让他变得更加任性。

4. 父母不恰当的处理方式

一些孩子之所以习惯性地用哭闹、在地上打滚的方式来达成自己的目的,是因为他们在与父母"交涉"的过程中发现,哭闹或者在地上打滚是控制父母的有效手段。

比如,有的父母虽然对孩子的不合理要求试图予以约束,但是一旦他们采取哭闹、在地上打滚等任性行为来应对,父母往往就会投降。于是,孩子就会发现只有通过这种手段才可以有效地控制父母。

有的父母在孩子哭闹时,虽然也不停地给他们讲道理,哄着他们,试图让他们放弃不合理的要求,但是总不能奏效。僵持一段时间后,父母还是无可奈何地满足他们的要求,这就更进一步激化了孩子的任性行为。

从以上的分析可以看出,正是父母不恰当的教育方法,让孩子养成了任性的性格。那父母应当怎样帮助孩子改正呢?

解决：新式故意忽略法

生活中，常可以看到这样的场景：孩子要买玩具或零食，爸爸妈妈不给买，于是孩子大哭，大人大骂。

一位妈妈说："皮皮是个任性的小孩，有一次，我们一家人去逛儿童商场，皮皮指着一堆玩具，这个也要那个也要，他爸爸就会急不可耐地训斥道：'不买！'于是皮皮的小脸马上就'晴转多云'。"

面对这样任性的孩子，最有效的方法是"新式故意忽略法"。
当父母采取这种故意忽略的方法，任由孩子哭闹时，可以让孩子体会到任性的后果，对改善孩子任性的脾性很有帮助。

让孩子随意闹腾

在新西兰，父母一般不会体罚孩子，当孩子任性的时候，除非影响到别人，不然父母都会采取故意忽略或者冷处理的方法，让孩子自己闹腾去。

Echo 就是这样一个生长在新西兰的任性孩子。父母对待 echo 的方法就是故意忽略法。

如果 echo 在公共场所哭闹，只要不影响到别人，爸爸妈妈一般都会采取冷处理的方式对待孩子，比如随他闹去。

如果已经影响到别人，爸爸妈妈会将 echo 抱走，将他放在一个比较开阔而安静的地方，让他继续闹，直到他闹够。

Echo 的父母认为，孩子哭闹是为了吸引父母的注意或者通过这种方式来达到他的某些目的；我们应当采取忽略他们的办法，只要孩子看到自己的闹腾没有效果，他们自然会选择放弃。

前段时间，echo 总喜欢往花园的鱼池里扔鹅卵石，并且屡教不改。妈妈就会对 echo 说："你看看，你把小鱼砸痛了，把水池弄乱了。水池不漂亮了吧？"然

问题 29 "别管他,让他自己来"

后妈妈会要求儿子把水池里的石头捡出来。

但是,很多时候 echo 会耍赖,不肯去捡石头。如果儿子耍赖,妈妈一般不会强迫他去,她会自己下去把石头捡出来给儿子看。

假如正好碰上儿子闹着要跟妈妈玩,妈妈就会借机对儿子施行教育:"你看看,你把石头扔进水池了,现在我要去捡石头,没有时间陪你玩。"

这时候,儿子会体验到他不良行为的后果。于是,他会明白,他真的不能把石头扔进水池。

Echo 妈妈认为,孩子并非我们想象的那么不懂事,他们只是控制能力差一点而已。因此,echo 妈妈主张父母把孩子当做成人看待,从孩子小的时候起就教他学会承担责任,学着约束自己。

其他解决方法

另外,还有一些可以配合教育孩子任性的方法,这里做一个小结:

1. 疏导孩子的情绪:当孩子任性哭闹时,父母要用平静、轻柔的声调帮助他们消除顾虑,孩子就可以重新被掌控。比如,父母可以平静地对孩子说:"如果你尖叫,乱踢,我没法帮助你。现在我们不闹了,我们来想想办法,看怎样让你感觉舒服点。"

2. 消除孩子任性的苗头:父母要学会客观地评估孩子的要求是否合理,如果合理,就要及时满足他的需求,并且不附带任何条件,千万不要拖延到他们哭闹后才满足他。

3. 掌握讲道理的时机:孩子平静之后,父母可以心平气和地和孩子讨论刚才所发生的事,明确地告诉他们为什么不能答应他们的要求;要让孩子明白,无论如何,父母都不会答应他的不合理要求。

4. 转移孩子的注意力:当孩子正任性地哭闹时,大声责骂或者讲道理都无济于事。此时,父母可以采取转移注意力的方法,用别的有趣的事情或者玩具来吸引孩子的注意力。

此外,父母要有耐心,改正孩子的任性行为不是一蹴而就的事情,父母一定要有足够的思想准备,持之以恒地坚持自己的一些原则,帮助孩子慢慢地克服,最后改正。

爱，藏起一半。明智的爱对孩子来说是成功的阶梯，糊涂的爱对孩子来说是陷阱。有一种爱叫自私的爱，强迫的爱，这种爱对孩子是一种害。

呵护孩子时谨防越过"三八线"

孩子做事情主要依赖兴趣，有了兴趣，精神才会处于兴奋状态，思想才会灵活，做事的效果才会好。孩子的学习也是这个道理。在压抑状态下，学习缺乏内在的动力，效果自然不会好。

让理智"看管"好情感，否则就会剥夺孩子成长的权利。面对独生子女，"心太软"是当今不少父母在教育孩子上的共同特点。因为父母心太软，孩子就失去了一次一次受教育的良好机会，失去了一片片磨砺良好品性的天地。

专家提醒

"过度保护"，保护的是孩子的惰性和无能，而不是独立生存能力。父母是母鸡，小孩就是小鸡，父母要是永远做母鸡，那么孩子就永远是小鸡，就永远处在被保护的位置上。要让孩子做一些力所能及的事情。

问题 30
"为什么没有准时回家"

疑问：事先说好的事，孩子没遵守

父母们通常都会和孩子制定一些规则，让孩子遵守，可很多孩子偏偏做不到。当孩子准备要出门和小伙伴玩耍时，妈妈允许了，但她特地交代孩子："要在中午 11 点前回到家。"

然而，孩子不知道是玩得太过高兴，还是本来就没打算中午 11 点就回家，直到中午 12 点才慢吞吞地回到家，让妈妈不知如何办才好。

一位妈妈说："我儿子今年 3 岁多了，平时我已经有意识地给他灌输遵守承诺的观念，只要孩子外出或做什么事之前，都会提前打个预防针，定下一些'规矩'。但是，我发现孩子常常说话不算数，事先总是答应得很好，到做的时候，就会把先前的承诺置之脑后。"

"有一次，孩子跟着我到商场买东西，出发前我们已经约定不买玩具，也不准哭闹。可一到商场，他就被那些琳琅满目的玩具吸引了，拼命地要买，最后甚至也会动用'哭闹'这个杀手锏。"

想做什么就做什么，想什么时候做就什么时候做。孩子怎么这么不听话呢？

心理：孩子对承诺的理解

孩子对承诺这样不屑一顾，是孩子对承诺的偏见吗？孩子究竟是怎么理解承诺的含义的呢？

其实不只是父母对孩子这种不遵守承诺的行为束手无策，对于幼教老师来说，也是如此。

一位幼儿教师说："幼儿园每天早上7:30至8:30是早晨活动时间，规定每一个孩子都要准时到，可是每天只有少数几个孩子能坚持按时来幼儿园参与活动……"

有时候，幼儿园会组织孩子外出，临行前一天已经说好了9点集合，可每一次总有那么几个孩子迟到；在组织教学活动的过程中需要孩子查找和收集资料，每一次积极主动的好像也就是那么几个……

当然，我们也想了很多的办法，可是，效果并不明显。

比如说，我们会口头上叮嘱孩子明天早点来，有时甚至是耳提面命；会时不时地向家长介绍我们的早晨活动的内容是非常丰富多彩的，在这段时间之内，孩子可以选择自己喜欢的活动。

我们还会请小朋友按"轮流表"上的时间，按时参加"计算机探索活动"、"流动玩具站"；请小朋友互相打电话提醒；激发孩子参与活动的积极性……

这样做之后，虽然情况有所好转，也产生了一定的效果，但是，我还是一直感觉孩子并没有真正意识到守时、守约的重要，没有建立守时、守约的行为习惯。

那孩子为什么在明知道已经和父母或者老师制定了一些规则之后，还会不遵守诺言呢？

遵守承诺和孩子的心理相悖

学龄前儿童有一种"以自我为中心"的心理，做什么事情都站在自己的角度，不会考虑别人的想法。而所谓承诺，就是考虑对方的立场而抑制自我中心性的行为。

可以看出,让孩子遵守诺言实际上就是要孩子摈弃"以自我为中心"的自然心理,要做到这一点,需要孩子具有良好的"社会性"。

孩子分不清现实

一些孩子之所以表现出不守信用,也可能是孩子对现实的认识不清,把希望当成真的、把幻想看成现实而造成的。

父母应该让孩子分清真假,面对现实正在发生的事情,鼓励孩子做有意义的事,逐渐认清现实,减少对现实的夸大。

跟着父母做

信守承诺是一个人的立身之本,不仅仅对孩子,父母也同样需要信守承诺。

然而,很多父母往往在孩子面前表现出出尔反尔的做派,或者对孩子的许诺没有实现,或者让孩子看到父母没有和亲戚或朋友履行诺言等等。

当父母这样做的时候,孩子看在眼里,记在心里,慢慢地,孩子就会被父母的这种做法同化,以后也就很可能养成不遵守承诺的习惯了。

不做不守诺言的乌鸦

一只乌鸦被网兜住了,向阿波罗求救,并发誓焚烧香木作为报答。可是当它脱离险境后,就忘记了诺言。

过了不久,它又再度被网兜住。可上次还没有履行对阿波罗的承诺,这一次它当然不敢再去找阿波罗。于是,它就去找赫米斯,并保证获救后,一定会奉上贡品。

然而,赫米斯却对乌鸦说:"你不会遵守诺言的,当初就背叛阿波罗了,我如何能相信你呢?"

从这个故事中,可以看出遵守承诺的重要性。然而,父母却很难期待那些以自我为中心的孩子能遵守诺言。父母究竟应当如何教育孩子,让他们学会遵守承诺呢?

解决：抓住教育重点，多说解决办法

当孩子贪玩而没有按照事先约定的时间回到家时，一些父母就会开始责骂孩子了：

"说好11点回家，就应该准时回家！下次再不遵守承诺的话，以后就不准出去玩了。"

"为什么不遵守约定？说好11点回来就要11点回来，怎么这么喜欢说谎呢？以后看谁能相信你！"

其实，在这种情况之下，孩子往往很清楚地知道"11点要准时回家"，可却经常玩过头，最后肯定就忘了。

当孩子没有按照事先的承诺准时回家时，父母的训斥并不能使孩子学到任何道理。相反，如果此时妈妈提出建议，让孩子可以在约定的时间内回家，这才是有效的教育方法。

比如，父母可以让孩子戴那种可以定时的手表出去玩；或者对孩子说"11点钟妈妈去接你"；或者告诉孩子："下次去朋友家玩，如果在约定的时间不能回来，要打电话跟妈妈说"等等，教孩子一些具体的方法，才是抓住了重点的教育方法，才是最有效的教育方法。

由此可见，让孩子养成遵守承诺的习惯，需要父母抓住一些教育的方法和重点。

不要给孩子贴上标签

父母不要用一些概括性的话给孩子定位，比如，"你说话从来都不算话。"

相反，父母应当用具体的事件来引起孩子的注意，并假设他会照着自己说的去做。比如，"你说过，你会在吃完午饭就去收拾屋子。我希望你能一直保持说话算数。"以此让孩子将自己看成是一个总能遵守承诺的人。

父母也要信守承诺

在很多时候，父母会对孩子做出一些让孩子开心的承诺，不久就会找出种

种"正当"理由,而不遵守自己的许诺。比如,父母对孩子说:"吃完饭后,我陪你打球去。"但是,如果这时一位朋友突然登门造访,或者邻居来找你帮个忙,或者有事出门,那父母就要出尔反尔了。

其实,父母完全可以通过选择不同的词语来避免这种情况的发生。比如,可以在做出承诺之前说"我们来看看"、"如果可能的话"、"如果一切按计划进行的话"等等。

当然,父母如果不想说这样的话,那就应当在仔细计划之后,才慎重地对孩子做出承诺。

时刻提醒孩子

通常,孩子们总是没有想太多就说他们会如何如何。让孩子知道你将他说的话看作一个承诺:"孩子,你说你从明天开始收拾自己的房间。我相信你会记住并遵守自己说过的话。"

父母也可以采取这样的办法:当孩子做出保证时,建议他写下来并且把它贴在一个醒目的地方,这样他就能够记住该做些什么了。

设限要早,从小就给孩子设限很重要

首先要合理。事先要考虑到设限的合理性,比如用"看完这一集动画片"为限,而不是"再看5分钟",孩子就不会因为错过精彩片段而耍赖。

其次,妈妈一定要懂得"嫁祸"宝宝,比如说,你想让宝宝8点半睡觉,就先问宝宝,你想几点睡?如果宝宝的回答与你所想不符,不动声色,跟他讨价还价,一直讨到你认为可以接受的限制级别,然后装无辜,装无奈,说好吧,就听你的!

第三,就是鼓励。当孩子能够遵守承诺的时候,父母一定要给予鼓励和表扬,这对孩子坚持信守承诺很重要。

总之,如果孩子的言行不一,就有可能失去伙伴和他们的信任,降低孩子的威信,影响孩子社会交往能力的培养,使其将来难以适应社会。所以,交往活动对孩子的身心发展有非常重要的意义。家长要重视这个问题,创造条件和机会帮助孩子信守承诺。

自我控制得好的人往往容易成功，这点是大家公认的。很多人天资聪明而最终一事无成，最大的原因就是无法自律。人的最大敌人是自己，能战胜自己，能自我控制欲望和行为的人才是强者。所以父母对孩子的自律教育是相当重要的，这关系到孩子的一生。怎样培养孩子的自律能力呢？

怎样培养孩子的自律能力

1. **给孩子一个榜样的力量。** 在日常生活中，经常有意识地对孩子这样说。时间长了，父母这种良好的约束自己言行、情绪的能力就会在潜移默化中影响孩子。

2. **给孩子一个鲜明的是非意识和道德观念。** 父母要有意识地和孩子多谈各种规则，如游戏规则、交通规则。最初是从孩子日常生活中不可避免的各种准则出发，告诉孩子要遵纪守法。孩子大些了，要给孩子讲人生、讲社会、讲国家大事。让孩子学会道德准则，懂得法律法规。

3. **给孩子一个选择的权利。**

4. **给孩子一个磨练的机会。**

问题 31

"为了你，妈妈心都操碎了"

疑问：生活中的"牺牲者"形象

独生子女现象已经很普遍了，很多父母对孩子可以说是倾注全部精力，甚至用"牺牲"自己的方式，希望孩子能够一帆风顺。

据媒体报道，哈尔滨有一个单亲母亲，从儿子中考一直陪读到儿子考研。孩子两次考研都失败了，但是孩子看到妈妈这样为自己操劳，为了母亲他还想再考。

然而，严重的抑郁症使他再也考不下去了。于是，悲惨的一幕发生了：孩子持刀自残，母亲夺刀相救，结果误刺到母亲，差点要了她的性命。

其实，这位母亲本来是一个性格开朗、工作干练的基层领导干部。而且当她下决心进城陪读的时候，刚刚40岁出头，可以说是风华正茂的时候。

可为了孩子，她没有再次结婚，还辞掉工作，卖掉房子，把自己生命的全部都押在了儿子身上，就像一场赌博。

这位母亲为孩子作出了如此巨大的牺牲，不仅使自己的生命黯淡了，还几乎失去了一切，而且母亲的"牺牲"也使孩子背负着巨大的精神压力。结果换来的是什么呢？

父母为孩子作出如此牺牲，正确吗？

心理：孩子"被掠夺"的心理

父母这种为了孩子牺牲自己的做法，实际上是不恰当的，它掠夺了孩子独立选择道路和兴趣、面对挫折和困难的机会，不利于孩子的健康成长。

在一些父母的心中，孩子就是一切，是家庭的全部希望。父母不仅在家中体贴照顾孩子，一切以孩子的意志为出发点，而且还把业余时间都花在了孩子身上。

这样的父母觉得只要孩子培养好了，就是自己的工作好了；孩子进步了，也就是自己上进了；孩子将来有出息，就是自己出息了。

由此，他们认为"牺牲自己，为了孩子"是理所当然的，对自己的本职工作变成得过且过，不求进取，对自身的充实、进取毫不顾及，"混呗"成为一些父母的口头禅。

然而，很多事实表明，自我否定感比较强的父母在进行家庭教育时，其观念也常常是矛盾的。

首先，对自我的不满意导致了父母渴望子女出人头地、做出一番作为的心理越来越强烈，对孩子期望值容易过高。

其次，由于自身缺乏自信，进而产生消极、保守、冷漠、懈怠等等不良心理和行为特征，而这些言行举止会有意无意、长期反复地影响着孩子，在孩子身上得到惊人相似的印证。

可以想象，如果当孩子将来为人父母之后，也抱着"为了孩子，牺牲自己"的自我否定的思想，那在父母看来，孩子到底是做对了（从自己对孩子的期望出发）还是做错了（从父母对自己的期望出发）？

由此看来，一些父母现在牺牲自己、全身心照顾孩子，不仅仅是牺牲了自己的快乐，同时也是牺牲了孩子应当从父母那里获得的自信、进取等成才所必需的良好的心理品质。

一位父亲在一项调查中说："我们夫妻两人都没上过大学，前半辈子算是耽误了，后半辈子也没戏了。而孩子就是我们的指望，就算豁出老本我们也要把孩子送进重点小学，将来才有希望上重点中学、名牌大学。"

在现实生活中，也有不少父母与这位父亲一样，经常会发出这样的感叹："我这辈子是不行了，就看孩子是不是争气了！"也有很多女性，一旦做了母亲，

问题 31 "为了你,妈妈心都操碎了"

就容易产生一个念头,就是为了孩子牺牲自己的一切。

张女士今年40出头,看起来很健康,可今天却来到医院看心理医生,原因是自己的孩子毕业之后去了澳大利亚读书,她的心里感觉好像一下子失去了什么重要的东西。

张女士说:"本来,那天和孩子约定晚上进行网络视频聊天,结果孩子失约了,之后又有几次,我真的很担心孩子是不是出了什么事情了。"

"当时妻子就吵闹着要报警,其实孩子啥事都没有,就是忙其他事情忘记而已。"孩子的父亲说,"而对孩子的母亲来说,与孩子视频聊天是人生中最重要的事情,如果孩子瘦了、黑了,或者心情不好,她就会唠叨感慨很长时间。我看她是'抑郁'了,实在没办法,才带她来看心理医生。"

对父母来说,儿女是他们的私人财产,他们倾注了毕生的心血在孩子身上,直到他们年老时,同样渴望得到全部的关爱,儿女就像风筝,他们想要永远拽住那根线,只有把它牢牢操在手中,心里才有安全感。

一些教育专家说,未成年人的父母一般是20多岁到40多岁的中青年人,正是成熟的、在工作中出成绩、作贡献的年华,无论从事什么样的工作,都可以在事业上大有作为。

倘若一心只扑在孩子身上,就失去了自己实现理想的机会,也给孩子带来很大压力。

教育家马卡连柯说:"一切都让给孩子,牺牲一切,甚至牺牲自己的幸福,这是父母亲所能给予孩子最可怕的礼。"

对孩子来说,父母的牺牲让他们习惯了风和日丽的天气,直到有一天在自己迎接暴风骤雨的时候,在各种艰难的挫折和挑战面前,免不了惊慌失措,不知道心中的勇气和智慧在哪里。这无疑是与父母的期望相背离的。

解决:父母的生活重心要调整

父母这种牺牲不仅没有什么效果,还让孩子背负很多负担。父母是到了应当调整自己的生活重心的时候了,不能再把自己的所有的时间和精力都投在孩子身上了。

孩子不是一切

一位妈妈颇有感触地聊起了"为了孩子,牺牲自己"的看法:

前几天老同学来家里看我的孩子奇奇,在欢快的谈话中,老同学的一句话让我思绪万千,她说:"我看这几年你就在家带孩子算了,好好把奇奇带大。反正你们拼命工作不也都是为了孩子吗?"

老同学的这番话是出于好意,而且她们家也是这种情况,可在我听来却很荒唐。

首先,我从没想过要在家当全职太太或者全职妈妈,哪怕家里经济条件多好,也不会,更何况目前我们家正处于艰难时期。

其次,我也并不认为我们一切的努力都是为了孩子。尽管我们都很爱奇奇,我们之所以选择在大城市打拼,很大程度也是为了奇奇将来有更多的发展机会,但是我并不认为才从校园里走入社会不久、才开始独立生活的我们,就要为了孩子牺牲一切。

不能让自己不快乐

另一位妈妈听了前面妈妈的叙述,接着说:

我并不是想要"反传统"而行,成为一个"独特"的母亲。我的孩子在入托、入园之前也还需要外公外婆或爷爷奶奶的照顾。再说,既然让一个小生命来到了人间,就要对他负责,悉心照顾好他,尽量将他培养成一个"有用"的人。

但是,除了当一个好妈妈,我还应该成为好女儿、好妻子、好自己。我不希望为了孩子,牺牲掉所有别的幸福和快乐,然后整天念叨:儿子,为了你,妈妈什么都没有了——青春、爱情、亲情、友情、健康、事业,那将是很可悲的一件事情!

问题 31 "为了你,妈妈心都操碎了"

调整生活重心

做父母的,有时候也应该偶尔偷个懒,奖励自己一下,善待自己一点,这样才能更好地成为好父母。

一个人活着,不能完全只为了自己,同样,也不能完全为了别人,哪怕是自己的孩子!

一位妈妈说:"由于担心没有奶水,我不能减肥;担心孩子挨饿,不能出去逛街;担心孩子尿我一身,不能穿太鲜艳的衣服;不能马上去上班,不能好好享受十一黄金周……但我会尽量将自己收拾得干净些,控制自己的饮食,偶尔运动一下,或者和老公、老妈出去逛逛超市,抽空上上网、听听音乐、和朋友聊聊天,做个面膜、补个觉……"

一个要好的女朋友听到我说,有时候我会因为补觉而让孩子"挨饿"后立即指责我说:"你太自私了!"对于这样的指责,我并不苟同。

"给孩子喂母乳的辛苦相信经历过的女性朋友都知道,整晚的折腾需要白天补充睡眠,只要孩子饿得不是太厉害,父母的睡眠是最重要的,因为父母身体垮了,孩子也会出现很多麻烦……"

一位心理导师说,现在的父母深切地感觉到,社会竞争压力和知识对孩子来说非常重要。于是,对孩子教育上的投入,无论在物质方面还是精神方面都不惜血本。

而当孩子考上大学离家后,或者突然和孩子短暂分别后,父母的生活重心一下子失去,他们就容易感到空虚,生活没有目标。

由此,这位心理导师建议,父母要做的不是把孩子圈在身边,而是要放心让孩子去飞翔。父母可以试着换种方式,和孩子建立新型的朋友关系,一方面克制自己的思念情绪;另一方面把对孩子的关心转变成跟孩子的沟通,给孩子提供必要的心理支持。

尊重孩子，从这几点做起

1. 鼓励孩子说出自己的想法

成人应以接纳和了解的态度，去把握孩子的发问、讨论的机会，倾听孩子的想法。例如可以问问："这样做为什么不行？""你为什么想那样做？"等等，当孩子坦率说出感受时，父母就会了解自己的孩子在烦什么，气什么，想什么，为彼此的沟通打下良好的基础。

2. 反省自己的指令是否明确易行

站在孩子的角度去思考一些问题，能让我们成人去体会孩子这么说、这么想的原因。体会孩子的心情与想法，是对孩子健康成长的最大支持。

3. 尝试接纳孩子的想法

不要有意无意地去难为正在成长的孩子，当孩子内心积着许多负面情绪时，他会离你更远，尝试着去接纳孩子合情合理的想法，你会发现许多问题其实根本不是问题。

4. 给孩子较多的自由与责任

随着孩子逐渐长大，父母该给孩子较多的自由与责任。例如：当孩子有能力自己穿脱衣服时，就让他们自己穿脱；当孩子已学会分辨各类用品时，就让他们自己选择；当孩子会处理零用钱时，就让他学着使用少量的金钱。成人所需具备的是鼓励孩子独立、也准许孩子独立的态度。

问题 32

"这一点就是比我家孩子强"

疑问:别人的孩子这么好

一些父母喜欢拿自己的孩子和别人的孩子作比较,总觉得别人家的孩子怎么这么好,而自己的孩子却有那么多缺点。

"我的孩子5岁了,身上的缺点一大堆,我都心灰意冷了。可我老同学的孩子,不仅乖巧,还学了好多特长,在幼儿园还经常受到老师的表扬,同样的孩子,差别怎么这么大呢?"

"我家的也是这样,和邻居家的孩子比起来,简直是天差地别,真不知道说什么好。可我总觉得自己的教育方式也是挺好的啊,邻居家的父母都还只是初中文化呢!"

小欣就是生活在父母的比较之下的孩子。小欣由于贪玩,晚上都很晚才睡觉,第2天早上却很难起床。有一次,妈妈还是和往常一样,来到小欣的房间,叫他起床。可小欣却不理妈妈,只顾蒙头大睡。之后,妈妈急了,他掀起了小欣的被子,大声对小欣说:"你这孩子能不能和琳琳学学,你看人家每天早早睡觉、早早起床,而你却晚上不睡觉、早上不起床,你怎么回事呢?"

小欣确实被妈妈的高分贝吓醒了,但一听清妈妈的话后,他却哭了……

为什么在父母看来,别人家的孩子总是比自己的孩子要好呢?父母这样的做法对孩子有什么影响?

心理:拿自己的孩子跟别人的孩子比较

俗话说"孩子是自己的好",可话虽如此,在外面,父母总是不忘拿自己的孩子与别人的孩子比,而有一些父母拿孩子作比较的这种方式是不恰当的,这主要体现在以下两个方面:

首先,父母的这种作比较的方式,具有一定的片面性。

刚开始的时候,这种方式可能有一定的针对性,也确实是自家孩子比不上别人家的孩子,可随着时间的推移,许多父母不知不觉地会用其他孩子的优点来比自己孩子的缺点,嫌自己的孩子不够优秀。

可想而知,用别人的优点比自己的缺点,对孩子来说,多么不公平。

其次,父母的这种作比较的方式会对孩子产生不良影响。

"你看你的某某同学多好,每次考试都考第一名。""你瞧某某多听话,从来不让爸爸妈妈操心。"当这样的话说得多了,孩子的内心就会受到伤害。

孩子会因此看不到自己的优点和长处,树立不了自信心,而且对父母表扬过的同学非常地憎恨,无形中,孩子的心灵被扭曲了,这样的后果是惨重的。

明明和亮亮是表兄弟,两人经常在一起玩。学校刚一放假,亮亮就到姨妈家玩。

这一天,姨妈和亮亮聊起了这次的考试成绩,亮亮骄傲地说,他的各科成绩都是90分以上。姨妈说:"你真是好孩子,学习总是那么好。咦,我还没有看见明明的成绩单呢,明明,你过来。"

其实明明在楼下的时候就听到他们的对话了,听到妈妈的叫喊后,他慢吞吞地走了上来。"明明,这次考试考得怎么样?成绩单在哪里?""在我房间里。"明明的回答结结巴巴的。

看着明明畏首畏尾的样子,妈妈生气地说:"是不是成绩不好啊?赶紧去把成绩单拿来,我要看一看。"成绩单拿来了,妈妈一看竟然没有一科上了80分。

问题32 "这一点就是比我家孩子强"

"明明,这样的成绩也考得出来啊!"妈妈忍不住大声训斥起来:"你的成绩为什么总是这么糟糕?而亮亮总是得到好成绩,你为什么不能像他一样?"

这些好像还不够解气,妈妈接着质问:"你的学习环境哪一点比亮亮差?你就是太懒了,上课肯定不集中注意力,不专心听讲……自己到房间去好好想一想,我不想看你那个样子。"

虽然这已经不是第一次在亮亮面前受训了,但明明依然深深地感到羞愧,感到下不了台,只好默默地含着眼泪回到了房间。

此后,明明觉得自己像一只丑小鸭,情绪总是不高,他多么需要得到鼓励。但他从小就感受来自亮亮的压力,觉得自己无法比得过他。成绩更是大幅度下滑,任凭父母、老师怎么教育,就是不爱学习,仅仅上完初中,便辍学在家了。

从这个例子中可以看出,父母如果经常拿自己的孩子与别的孩子作比较的话,对孩子造成的影响是特别严重的。

被父母经常作比较的孩子,通常会有很多负面情绪,他们会不开心、愤怒和嫉妒等,没有安全感。在行为表现方面,经常被父母作比较的孩子觉得得不到父母关注,因为父母似乎喜欢别的孩子比自己多,所以孩子会有很多吸引父母的行为,但这些行为通常都不是父母喜闻乐见的。

基于上述情况,才会有父母这样的反应,认为孩子过于顽劣不值得疼爱,从而更多地去比较,造成恶性循环。

没有哪个父母不爱自己的孩子,这毋庸置疑,经常拿别人家的孩子与自己的孩子相比,也是出于善心,希望孩子能以他人为榜样,学习别人的优点,超越别人,为父母争光争气。

然而,有时候善心也会做坏事,真心为孩子着想,就不要拿自己的孩子与他人做比较,不要拿自己的孩子和大人物的童年、别人的孩子去比较,希望自己的孩子能像大人物童年时或别人家的孩子那样刻苦、那样聪明。用心虽好,但往往由于对孩子要求过高,教育的效果并不理想,甚至还会引起孩子的反感。

正如美国学者戴维·刘易斯在他的《教育孩子四十条》中说的:"从来不对孩子说,他比别的孩子差。"父母应当摒弃那种作比较的教育方法。

解决：找到更有效的激励方法

在孩子成长过程中，父母从孩子的未来出发，让孩子以优秀的同学、朋友或伙伴为榜样，向他们学习，这对孩子的成长自然是有益的。但如果父母用挖苦、讽刺的语气，拿孩子们作比较，用他人的长处来贬低自己孩子的话，却是不恰当的。

其实，每一个孩子都有他自己的个性，从没有哪两个人是一样的，各人有各人的天赋，各人有各人的性格，各人有各人的能力；每一个孩子也都应该在他们自己实际的基础上发展，而不是做别的孩子的翻版。

如果父母只和出类拔萃的孩子比，看不到自己孩子的优点，而只看到自己孩子的缺点，就容易让自己的教育方法失效，产生不良效果。

因此，父母最好不要拿自己的孩子和那些优秀的孩子相比较。他们的长处和优点，自己的孩子也并不是都能学得来的。

那么，做父母的看到自己的孩子不如别人家的孩子优秀，又该怎么做，如何才能不拿自己的孩子和别人家的孩子作比较呢？

要想消除这种现象，父母最好的办法是首先不要把自己的孩子与别的孩子比较，接着关注自己孩子每一个细小的进步，最后激励孩子。毕竟，每个孩子有每个孩子的特点。

父母要保持平常心

父母应该从内心深处杜绝"比较"的想法，不要用别的孩子作例子来给自己孩子压力，要用一颗平常心来对待孩子暂时的不足，对孩子多一些鼓励，多一些赏识。

父母要看到孩子的进步

比较有两种，一种是横向比较，一种是纵向比较，父母应该学会全面看待孩子的进步，不仅要横向地看到孩子和别人的差距，更要纵向地看到孩子和从前相比取得了哪些进步。

问题 32 "这一点就是比我家孩子强"

因为随着孩子的成长,他们的每一个进步,哪怕只有一小步,都是了不起的成绩。父母通过把孩子以前和现在作比较,孩子就有了自信,也自然就不会对父母反感了。

比如,孩子通过努力,取得了进步,父母可以说:"你看,你一学就会了吧,某某没学就不会吧!这说明,只要你努力了,用心了,就能学好。"这样的比较,会让孩子心里舒服很多。

承认孩子间有差异

每个孩子的性格和特点都是不同的,父母拿自己的孩子跟别的孩子进行比较,实际上忽视了孩子之间的差异。

父母应当承认并接受孩子之间的差异,帮助孩子学会取长补短。何况这种差异未必就是差距,孩子跟别人的差异性往往是其个性形成的开始。

此时,父母的正确的做法是,根据自己孩子的特点进行教育。只要孩子付出了努力,已经尽其所能,父母就不要对孩子提出过高要求。

尊重孩子的天性

父母要尊重自己孩子的天性和兴趣,不要盲目跟风,看别人家的孩子学钢琴,就非得让自己的孩子学钢琴,这种做法是不可取的。

父母只有找到适合自己孩子的发展道路,按照孩子的天性、兴趣去培养,才可能获得幸福和成功。

培养孩子的个性

父母应该认识到每个孩子都是独立的个体,和其他人没有太多的可比性。学习别人的优点固然重要,但是,培养孩子的个性更重要。相信孩子,解放孩子,首先要赏识孩子。

父母要学会欣赏孩子,不要总是拿自家的孩子与别人的孩子比较,孩子之间是无法比较的,父母要让孩子保持自信!不论如何,父母都要鼓励孩子的进步,这是孩子潜能最大化的重要通道,也是孩子自信最大化的源泉,对孩子的成长至关重要。

我们在学习和工作中取得成绩，会不自然地产生喜悦的心情，得到莫大的乐趣，对学习和工作更有兴趣和信心。大人是这样，孩子更是如此，我们要引导孩子看见自己的进步。

进步

要孩子自己看见

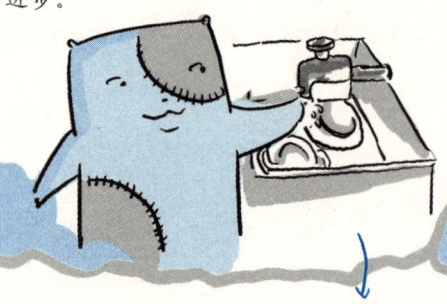

不要跟孩子签定"学习协议"或是采取过多的"奖惩办法"，要把力气花在提高孩子的学习信心和学习兴趣上。要经常了解和分析孩子的学习情况，及时加以引导，并适时地提高孩子对学习的兴趣。

父母可以让孩子记录自己的成绩，并收藏作业本，一段时间后让孩子比较一下，并告诉他取得哪些进步、存在哪些不足。借以提高孩子对学习的积极性，并可以给予适当的奖励。

给孩子订制学习计划或是提出要求时，期望度一定要合理。衡量的标准是，孩子稍微努力就能完成的尺度。

过高的要求会打击孩子的信心，过低的要求激发不起孩子的兴趣。

在有条件的情况下，可以每隔一段时间选择孩子比较空闲的时候，有意提高对孩子的阶段性学习要求，或是送给孩子进步的礼物，达到刺激的效果。

问题 33

"今天上午怎么样呀"

疑问：孩子不让我问

很多父母都喜欢在吃饭的时候，询问或者质问孩子，可孩子偏偏不配合。

"我的孩子今年5岁多点，很淘气，我们平常太忙，没有多少时间管教。于是，我们经常在饭桌上教育孩子，询问孩子上学、生活上的事情。当孩子犯错时，我们一般也会在饭桌上质问孩子。"

"在餐桌上管教孩子，是我们家常常发生的事情，我们工作也不算忙，可能是习惯吧，在吃饭的时候总是忍不住会向孩子打听一些幼儿园的事情。可我们家孩子很倔，不管我们问什么，他都只顾吃饭，要么随意地附和几声。害得我们都没有机会了解孩子，当然也不知道从何处着手教育孩子了。"

琪琪还算乖，刚满4岁，可爸爸妈妈却正值事业的重要时期，平时和孩子在一起的时间也不算多。

于是，餐桌就成了琪琪爸爸妈妈教育孩子的不二战场。

有一次，妈妈问琪琪："今天上午在学校怎么样啊？"琪琪一听妈妈又来了，就低下头快速地吃饭，菜都懒得夹了。

没有办法，琪琪妈妈就不问了，连忙帮琪琪夹菜……

孩子不喜欢在吃饭的时候回答父母的问题吗？

心理：就餐时，孩子让问题吓怕了

父母在餐桌上询问、质问孩子的做法，对于孩子来说，是一种唠叨和烦恼，对孩子的成长不利。

不喜欢妈妈问问题

"妈妈总是喜欢在吃饭的时候问我有关幼儿园的问题，问我今天过得怎么样，玩什么游戏，有没有交到好朋友，有没有被人欺负，有没有受到老师的奖励或者得到小红花……"

"我真的不喜欢妈妈在我吃饭的时候问我问题，看着满桌的好饭菜，我只想多吃点，可妈妈就是停不了口。"

父母的问题让孩子烦恼

许多父母都有这样的感觉，由于平常工作很忙，几乎挤不出时间来教育孩子，于是一日三餐的时间就成了教育孩子的一个最佳时机。

如此一来，只要一到吃饭时间，父母就会开始询问孩子功课、查成绩单、质询孩子过错……

父母的这种做法，常常使孩子愁眉苦脸，甚至哭哭啼啼，整个饭桌就会笼罩在一种不愉快的紧张气氛中。

一个6岁的孩子直率地说："我不喜欢在家里吃饭，一上饭桌，妈妈就问这问那，可烦了。"

一位儿童心理学家指出，"餐桌教育"会给孩子造成心理压抑和情绪低落，还会让父母和孩子加深隔阂，进而导致亲子关系出现裂痕的尴尬局面。

餐桌成了"训子"战场

一些父母平时没有多少时间与孩子交流，只得等到吃饭的时候，一家人凑到一块儿，才把这段有限的时间作为与孩子沟通和交流的宝贵时间。

然而，一部分父母却把餐桌当成了训斥孩子的战场，不仅询问功课、检查作

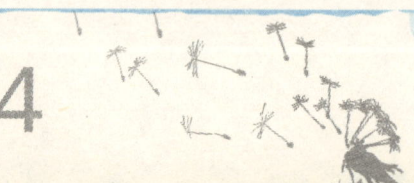

问题 33 "今天上午怎么样呀"

业,还责问训话。这种紧张的气氛使得孩子愁眉苦脸,父母也会满脸怒容,好好的一桌饭菜,谁也吃不香。由此,教育专家认为,父母最好不要在餐桌上训斥孩子。

"问题"影响孩子食欲

平平今年6岁,刚上小学一年级,平时很活泼,但最近一坐到饭桌就像变了个人一样,低头吃饭,默默无语,匆匆扒完碗里的饭就跑开了。

爸爸妈妈很纳闷,经专家指点才恍然大悟。

原来,由于以前一到饭桌上,爸爸妈妈就开始数落平平的错误,"这个没做好,那个没做好";而当有时候平平正兴高采烈地想告诉父母一些学校的开心的事情,爸爸妈妈马上严厉地打断他的话:"该吃饭的时候就吃饭,别说话。"

久而久之,平平一到吃饭时间就很紧张,恨不得快点吃完饭走人,害怕爸爸妈妈的问话。

在现实生活中,很多父母都会不自觉地进行餐桌教子,教子常常变味成"训子"。根据专家的说法,这种"挨训"的餐桌教育确实存在弊端,会影响孩子的食欲。

因为如果正在吃饭的孩子突然受到父母的责问、训斥,孩子的精神就会紧张,食欲就会消退,唾液分泌就会减少。

照此下去,孩子很可能会把吃饭和挨训联系起来,形成不良的条件反射,一到吃饭的时候,孩子的精神就会特别紧张,食欲就会明显下降。久而久之,孩子可能就会出现厌食症,造成消化不良。

解决:餐桌会议可以这样开

虽然,在餐桌上询问、质询孩子,会给孩子带来一系列的问题,但是对于学龄前孩子来说,餐桌教育却是必不可少的。

餐桌虽小但意义重大。一位妈妈说:"我发现餐桌上的学问可大啦!不仅能够让孩子养成良好的饮食习惯,还可以对孩子进行认知能力、动手能力、道德品质等等很多方面的教育和训练。"

扩展孩子知识面

其实,吃饭时,爸爸妈妈完全可以教孩子认一认餐桌上的各色美味佳肴,告诉孩子这些菜在没炒之前是什么样子,上了餐桌后又是什么样子,还可以让孩子记住这些菜的名字。这样,孩子就可以一边吃饭一边学习这些有意义、有乐趣的知识,孩子会吃得更香。

"每天吃的饭菜我都会一样一样地教女儿指认,让她说说颜色、形状、名称、味道,甚至还让她了解各种菜的营养,对身体健康有什么好处等等。尤其值得一提的是,本来海带和秧草是女儿最不喜欢吃的两道菜,但自从我给它们分别取名为'美人鱼的飘带'和'小羊宝宝吃的草'后,女儿对这些富有童趣和诗意的称呼很感兴趣,当然也很愿意尝试着吃了。"

营造愉快、舒适的就餐环境

教育专家认为,以质问为主的"餐桌教育"往往会使家庭的气氛越来越紧张,两代人之间的隔阂越来越深。

在每天吃晚饭的时候,一家人应该在轻松自然的气氛中,各人谈各人的趣事,让食欲与精神世界同时得到满足,这并不是件很难的事吧?

孩子在没有压力的情况下,往往会把学校里的事情、自己的学习情况很自然地讲给父母听。父母由此可以根据孩子所讲的内容,或者加以表扬,或者加以引导,而不是动辄训斥,这样,父母与孩子之间的感情会更加融洽。

假如父母能够营造一个愉快、舒适的进餐环境,就可以搭建一个和孩子进行良好沟通的桥梁。而在这样愉快的就餐环境当中,孩子不仅有发表自己"高见"和"新闻"的机会,也乐于这样做。

这样既有利于孩子语言表达能力的发展,又有利于父母了解孩子的内心世界,同时还有利于活跃进餐的心理气氛。

培养进餐礼仪习惯

很多在教育孩子方面比较成功的父母都有一个共同的认识:餐桌是对孩子进行礼仪教育和培养劳动习惯的最好场所。

例如,父母可以让孩子摆放餐具、收拾餐具,培养孩子的家庭责任感;吃饭

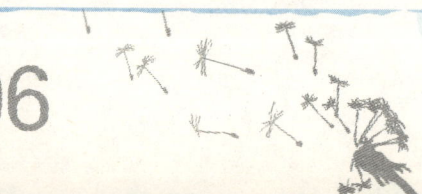

的时候,注意一些就餐礼仪,比如要等长辈或者客人都坐下了,才可以动筷子;好吃的东西要先考虑别人,不能把好吃的菜都放进自己的碗里;咀嚼食物以及喝汤时,尽量不要发出声响;夹菜时筷子不要在饭菜里东挑西翻……

英国式餐桌文化

很多英国父母都有"把餐桌当成课堂"的传统:从孩子上餐桌的第1天起,父母就开始对他们进行一系列的"进餐教育",帮助孩子养成良好的用餐习惯,学会良好的进餐礼仪,具备种种值得称道的素质或性格。

1. 鼓励孩子自己进餐

绝大多数英国父母认为,孩子想自己进食,标志着一种对"人格独立"的向往,这时应当完全给予积极的鼓励。

2. 杜绝偏食、挑食

英国父母普遍认为,一个人偏食、挑食的坏习惯多是孩子时期父母迁就造成的。比如,孩子一个劲地只吃某种菜而对其他菜不屑一顾时,英国父母就会把此菜收起来。餐桌上对孩子迁就,不仅影响孩子摄入全面、充分的营养,而且会使孩子养成任性、自私、难以自控等等的性格。

3. 学习用餐礼仪

在英国,在孩子两岁的时候,父母就开始让孩子系统学习用餐礼仪,4岁时就学完用餐的所有礼仪了。

4. 让孩子帮忙做事

让孩子帮忙一方面可以减轻家长的负担,另一方面也让孩子有一种参与感。

5. 重视环保教育

在英国父母看来,五六岁的孩子应该知道哪些是经再生制造的"环保餐具",哪些可能成为污染环境的"永久垃圾"。因此在外出郊游前,他们会在家长指导下自制饮料,少买现成的食品,并注意节约用水用电等等。

解决难倒父母的36个问题

最让孩子没有安全感的3句话

"再不听话就打你了"

专家分析： 有时候，孩子的表现确实令父母很生气，气愤至极的父母经常在动手前警告："再不听话我要打人了。"

这一类空洞的话，只会降低父母的威信，不会有任何实际效果。恐吓还不利于儿童塑造良好的个人品质，反而会造成胆小、怯懦、软弱的个性。

孩子做出种种挑衅的行为激怒父母，如果真的挨了打，孩子会在心里说："你虽然把我打疼了，但是你生气了，我感到满足。"如果一时气愤难以忍耐，那么打骂将宣告你的失败。

"妈妈不要你了"

专家分析： 两岁左右的幼儿，对别人情绪的理解很有限，他们往往通过别人的面部表情、外部行为去认知别人的情绪，而对成人一些复杂的内心体验难以理解，他们会把爸爸妈妈的离开，当成是真的离开。这个被很多家长惯用的假装遗弃孩子的招数，对孩子的心理发展有很大伤害，大大破坏了孩子的安全感。

"你是妈妈从垃圾桶里捡来的"

专家分析： 儿童到了一定年龄便会提出"我从哪里来的"之类的问题。长期以来，"你是捡来的"几乎成了家长们的"统一答案"。事实上这样回答容易伤害孩子的心灵，使得亲子关系产生隔阂，部分孩子因为得到了这样的答案而整天闷闷不乐。

孩子的提问反映出其渐渐长大，自我意识强了，也开始对生命的来源产生好奇，父母应该用生动而科学的回答满足他们的好奇心。

儿童在很小的时候，对父母的强烈依恋会让他们的心理得到安全保障，他们在探索外部世界时，会有一种安全感做支持。

如果假装遗弃孩子，那孩子会认为，最值得信赖的人都不要自己了，保护自己的人没有了，这对他们幼小的心灵是很大的伤害。

问题 34

"来，吃点这个"

疑问：孩子挑食，咋回事

孩子挑食的毛病是普遍存在的，很多父母苦口婆心或者三令五申地让孩子不要挑食，但总是毫无效果。

"我孩子5岁，特别挑食，就喜欢吃那几样菜，其他的连碰都懒得碰。我很着急，知道挑食对孩子的健康不好，孩子身体差的话，那可怎么办呢？"

"我的孩子也很挑食，很不喜欢吃蔬菜，一桌饭菜有时候他就只吃一样菜；如果没有爱吃的，那他干脆就不吃，怎么会这样啊？"

佩佩4岁半，挑食的毛病在小区是出了名的。她什么饭菜都不爱吃，就喜欢吃肯德基、麦当劳这些油腻、香脆的食品。

佩佩妈妈为此很烦恼，她几乎每顿饭都变着花样，但还是没能提起佩佩的食欲，长此以往，孩子肯定会生病的。

在儿童当中，挑食是一种普遍存在的现象：有的孩子吃起零食来没个完，到吃饭时却总说没胃口；有的孩子一顿要吃两只鸡腿，却一点儿也不喜欢吃蔬菜。

到底该怎样对付孩子这样那样的挑食的毛病呢？

心理:孩子挑食原因在于父母

其实,孩子挑食的原因多种多样,但绝大部分与家庭环境和父母对孩子的做法有关。

在婴幼儿时期,孩子对食物一般没有太多的选择,父母给什么就吃什么,一般不会有挑食的现象,所以挑食大多是由后天因素造成的。

孩子1岁以后,受周围环境尤其是家庭环境的影响,再加上自己从饮食中得来的经验,开始对食物进行选择。

受妈妈的影响:当妈妈偏爱或者厌恶某类食物时,孩子会不自觉地表现出同样的态度和行为。因为如果妈妈自己不喜欢吃某种食物,肯定会不自觉地不买这些菜,孩子品尝这种食物的机会自然会减少,对这种食物喜欢的程度也就降低了。

父母的不良行为:一些父母对孩子过分地溺爱,对孩子偶尔挑食的不良习惯一味地迁就,久而久之,就会使孩子形成挑食的毛病。

一些父母常常为了达到某种目的,而用孩子爱吃的食物诱导孩子,或者生怕孩子吃得太少而让孩子多吃喜爱的食物等等,这也容易导致孩子养成挑食的不良习惯。

还有一些父母经常在亲戚朋友面前数落孩子偏食挑食的行为,本意可能是借机教育孩子,但这样做却容易使孩子更加厌恶那些原本不喜欢的食物。

受父母饮食习惯的影响:三四岁的阶段是孩子形成饮食习惯的关键时期,而孩子的饮食行为主要是模仿父母,倘若父母有挑食、偏食的不良习惯,那么,孩子自然也就容易形成这些不良的习惯。

可见,孩子挑食的毛病主要是父母不正确的做法造成的。不过,影响孩子挑食的原因还有很多。

孩子挑食从某种程度上说是孩子"自我意识"发展的一种表现,说明孩子开始学着自己做决定,想按照自己的喜好来选择食物。

1. 因身体原因对某种食物反感

如果孩子因身体原因(不适或胃口不好),偶尔对某种食物有过反感或不良

问题 34 "来,吃点这个"

的体验,有可能会造成对某种食物的拒绝。

2. 饮食比较单调

如果父母不注意烹调的方法,不注意颜色的搭配和形状的多样化,或饮食比较单调,就很容易使孩子养成挑食的毛病。

3. 要挟、控制父母

有些孩子知道父母很在乎自己是否吃饭,很关注自己吃了多少,因此就常常利用挑食或偏食的"假象"来要挟、控制父母,以达到某种目的。

解决:正确的方法养育"杂食"孩子

为了让孩子改正挑食的不良习惯,父母要想方设法把孩子培养成一个"杂食"的孩子。

有些孩子爱挑食,不愿意尝试任何新的食物,孩子这种挑食、偏食的习惯不仅仅会使孩子营养失衡,留下健康隐患,还会影响他们的智力发育。

其实,父母的鼓励和教育完全可以让孩子喜欢上任何食物,而这种正确、健康饮食习惯的养成,必须要从小培养,尤其是在5岁之前。

父母要以身作则

学龄前这个阶段是培养良好饮食习惯和生活方式的重要时期。这个时期的孩子会经常模仿父母的行为。因此,父母应该以身作则,教育和引导儿童正确认识食物的特点,帮助儿童建立有益健康的饮食行为。

营养学专家凯茜·麦克唐纳认为,在纠正孩子的挑食习惯之前,父母要首先纠正自己不良的饮食习惯,以身作则。在这个过程中,爸爸的作用显得特别重要。

一位儿科营养师指出,如果父亲是个挑食的人,那么孩子挑食的可能性也很大,因为"孩子们通常会学习爸爸的行为举止"。

同一种原料要更换做法

如果孩子不愿意吃某样食物时,父母就要发挥自己的创造力和想象力了。

当孩子不爱吃水果时,父母可以尝试将多种新鲜水果拼盘,同时附上一杯酸奶,端给孩子;而为了让孩子有新鲜感,也可以尝试用两三种不同颜色的水果做成水果串,或把水果切成块并与酸奶混合后放到冰箱里做成冰棒。

当孩子不爱吃蔬菜时,为了增加蔬菜的摄入量,父母可以让孩子用新鲜蔬菜蘸酱一起吃,提高口感;一种蔬菜要换些花样做,比如胡萝卜可以切片、切丝、切丁,或者蒸,或者煮,或者做成沙拉。

让孩子多做运动

爱运动的孩子食欲好,也不容易挑食,运动能够让孩子增进食欲,父母应多找机会让孩子参与各种体育锻炼。

给孩子适当的选择自由

在相关领域,父母可以允许孩子有一定的选择权。比如:营造温馨用餐气氛,共同布置餐桌,让孩子选择安排餐具、座位;进餐时有轻松的交流;对某一食物挑食,父母可采用一些建议的口吻或说话技巧……

但是,父母要防止自己走入另一个误区,要知道允许孩子选择绝不是迎合孩子的挑食毛病。

食物要变换花样

当孩子不喜欢某种食物时,父母要先了解烹饪方法是否有问题,更不要一连几天都重复同一种食物;食物一定要有变化,可以将孩子喜欢的食物和不喜欢的食物搭配起来。

如今很多年轻的爸爸妈妈做饭水平一般,不能做到色、香、味、形俱佳,也是孩子挑食的原因之一。因此,当孩子对吃饭有了兴趣后,父母还应当经常变换菜色的花样,以免孩子对某种食物产生厌烦心理。

启发孩子对食物的兴趣

父母可以经常用一些小故事来启发孩子,比如,某个世界冠军就是经常吃了什么,身体长得好,才成了冠军;也可以用赞赏的表情或语言来提高、诱发孩子食欲。

问题 34 "来，吃点这个"

巧妙应用小游戏

父母可以利用一些小游戏，提高孩子的食欲。比如，和孩子比一比看谁吃得快？把小饼咬成一个月牙，看谁盘子里的豆豆少得快等等。虽然都是一些小游戏，却很管用。

培养孩子新的口味

父母可以在三餐中选一餐做孩子最喜欢的食物，而其他的两餐则另选其他食物，或者在一餐中做一样孩子喜欢的菜。因为孩子的喜好已经得到满足，所以在两个都不喜欢的食物中选一个，不会引起反感，而不管选哪一个，都是一种新的尝试。

不要强迫孩子进食

当孩子挑食时，父母不要急躁，不要在孩子面前表现出焦虑的情绪，更不要强迫孩子进食。

假如孩子是因为身体原因而不吃饭，父母可以细心观察，调整饮食，自然会好转；假如是因为饭菜不合胃口，父母可以把饭菜拿走，等下一顿让他吃。纠正孩子挑食的不良习惯需要长期、持久的努力，父母要有耐心。

营造良好的就餐气氛

良好的就餐气氛很具有感染力，当一家人坐在一起开心地吃饭时，孩子看到父母吃得津津有味，他也会嘴馋。

尽量少让孩子吃零食

孩子一直吃零食会使消化功能紊乱，吃饭时，消化液就会供不应求，正餐吃的食物就不能很好地被消化、吸收，孩子当然就没有食欲了，这样会渐渐形成挑食的毛病。就算是要给孩子零食，父母也应当选在吃饭后，或者饭前两个小时之前。

零食也分级，孩子零食如此吃

一说起零食，很多家长可能都是唯恐避之不及，千方百计地让孩子离零食越远越好。不过现代社会，吃零食已经是一种趋势，要想完全避免恐怕很难做到。专家表示，其实如果正确食用零食，对孩子的成长发育还是有好处的。

大部分儿童、青少年都离不开零食，炸鸡、薯片、糖果是孩子们的最爱。对此，家长们十分头疼，不让吃，孩子馋得慌；让吃，又怕影响孩子的食欲，吃出个肥胖、营养不良。

对此，专家表示，家长们对零食的认识比较狭义，其实零食的定义是，一日三餐外食用的各种食物和饮料，其内容非常丰富，科学、合理地消费零食，可补充一日三餐所缺少的食物种类，达到膳食平衡、促进生长发育的作用。近日，由中国疾控中心营养与食品安全所和中国营养学会共同编制的《中国儿童青少年零食消费指南》正式公布，《指南》将零食分成了十大类，按可经常食用、适当食用和限制食用三个级别来推荐。而新鲜天然的奶、豆、蔬菜水果被列为可经常食用零食。

中国疾病预防控制中心营养与食品安全所副所长翟凤英说："零食里要多吃蔬菜水果，再一个就是食物中缺乏的奶类，增加钙的摄入量，还有核果类，核桃呀、开心果呀、杏仁呀，或是葵花子、花生。"

此外，家长们一直比较担心的巧克力并不是十分可怕，它是糖果家族中唯一可以"适当食用"的成员，巧克力含有一定脂肪和糖，但是其营养素含量比较丰富，所以可以适当食用。而过甜的糖果、炸鸡、奶油蛋糕等则被列为限制食用的零食，专家建议食用次数越少越好。

中国疾病预防控制中心营养与食品安全所副所长翟凤英说："限制的就是含糖特别高、含油特别高，油炸、膨化，碳酸饮料，比如一杯可乐，相当于150多千卡能量，相当于一碗多米饭。"

专家表示，家长不要过度控制儿童、青少年的进食量，因为孩子们处于生长发育的高峰期，充足的营养才能满足他们的生长需求，家长应该注意的是为孩子选择各种营养丰富的食物，根据孩子摄入的热量，来相应地增加运动量，以避免出现肥胖。

问题 35

"妈妈，我错了"

疑问：孩子的道歉这么随意

孩子是经常犯错的，可他们的道歉却经常只是一句简单的"妈妈，我错了"，其他的什么都没有。

"我的孩子5岁了，常常犯错，但通常他不懂得道歉。在我再三逼迫下，他才会说：'妈妈，我错了'，可下次他依旧会再犯。我有时候想，孩子的道歉怎么这么随意呢？"

"萍萍今年4岁，错误层出不穷。每当她犯错的时候，我都会板下脸来，萍萍看到我生气了，就会马上抓着我的腿说：'妈妈，我错了，你别生气，好吗？'我一听孩子这么说，心里就稍微高兴了些。但是，令人沮丧的是，萍萍犯错的次数却随着道歉次数的增多而增多。会说道歉的话有什么用？孩子还不是一样犯错。"

的确，孩子总是不停地犯错，不停地道歉，再不停地犯错，好像陷入了一个死循环当中。

很多妈妈不禁会问："孩子随意的一句'妈妈，我错了'能让孩子真正地纠正错误吗？"

心理：让孩子认识到错误

父母不能只让孩子说认错的话，还应当让孩子认识到自己的错误，只有这样，孩子才能在错误中吸取教训，下次才不会再犯。

简单认错没有用

当孩子犯错之后，简单的认错并不能让孩子认识到自己的错误，而是应该想其他的解决办法。

幽幽今年4岁，刚进幼儿园小班，非常调皮，几乎天天和老师捣乱，怎么批评都不管用。

有一次，在上课的时候，幽幽把一位小朋友的作品弄坏了，那位小朋友当场哭了。

老师赶紧过来了，要幽幽向那位小朋友认错。

幽幽刚开始的时候还很倔，在老师再三劝说之下，才勉强地对那位小朋友说："对不起，我错了。"

隔天，同样的事情再次发生在幽幽的身上，在课堂上他再次把一位小朋友的作品弄坏了。

老师没辙了，感觉到让幽幽认错没有什么用处，可那又该怎么办呢？只能搬救兵了，这位老师把园长请来了。

园长了解情况之后，并没有批评幽幽，也没有让幽幽认错，而是让幽幽亲自把小朋友的画粘好。

园长轻声地说："老师相信你一定能改掉这个坏习惯，并且能把这幅画粘好，对吗？"

神奇的就是，原先不听话的幽幽，真的乖乖坐在椅子上，把画粘好，放到了小朋友的手里。

所以，对待孩子的错误，父母或老师不能简单地让孩子说一些认错的话了

问题35 "妈妈,我错了"

事,而应当采取更有效的办法。

让孩子认识到自己的错误

在孩子成长的过程中,难免会犯这样或那样的错误。这个时候,爸爸妈妈的教育方式将对孩子认识到自己的错误起着关键作用。

是采用强硬的手段逼孩子认识到错误,还是采用循序渐进的方法让孩子自己主动认错?这就需要父母掌握好教育孩子的方法和尺度!

孩子就是这样让父母担忧,总是重复犯错,归根结底还是孩子没有认识到自己的错误。

"批评的艺术在于严厉与善良的圆满结合,让学生在老师的批评中感受到的不仅仅是合乎情理的严厉,而且是对他充满人情味儿的关切。"

——苏霍姆林斯基

莉莉今年3岁,很贪玩,又常常犯错,让妈妈忧心忡忡。

有一天,莉莉依旧满屋子乱跑,跑着跑着小手就不小心把桌子上的牛奶弄倒了,牛奶洒满了长毛绒地毯,她似乎有些惊慌失措。

可片刻的惊慌过后,他被牛奶在地毯上的渗透方式迷住了,于是地毯不幸沦为她的"渗透力"实验品,果酱、清水、酸奶、咳嗽糖浆,凡是莉莉够得着的东西,都被她洋洋洒洒泼在了地毯上……

妈妈看到这一幕后,可想而知有多生气,差点失声尖叫。接着,莉莉妈妈到处找鸡毛掸子,想惩罚莉莉。

挨了教训的莉莉根本不知道妈妈为什么这么生气,她甚至感觉到,在妈妈眼里,一块地毯的价值远远超过她。

莉莉委屈地大哭了,比妈妈的怒骂声还大。天真无邪的孩子首次陷入恐慌当中——她不是担心地毯不能恢复原样,而是担心妈妈从此不喜欢她了,不要她了。原来是为这个!

莉莉妈妈没能让孩子认识到自己的错误,而是以惩罚作为教育孩子的手段,可妈妈的教育目的有没有达到呢?

那除了让孩子说"对不起"或者惩罚孩子之外,父母应当怎么办呢?

解决：给孩子时间承认错误

为了不让孩子随意地、简单地认错，让孩子认识到自己的错误所在，父母应当给予孩子一定的时间，并让孩子承认自己的错误。为此，父母可以采取以下两种方法。

不横加指责

当孩子犯错误时，很多父母都会耐不住性子，控制不了自己的怒气，而对孩子非打即骂，这样的教育方式是不恰当的，不利于孩子自我反省能力的提高。

孩子犯错之后，首先会产生对自己责备的情绪，还可能会感到后悔和羞愧，可以说孩子在犯错之后已经有了改错的动机。

因此，父母不要一味地指责孩子，不要对孩子的错误横加指责，不要让自己的暴躁脾气扼杀了孩子的自我反省能力。

相反，父母要宽容地对待孩子的错误，平静地指出孩子的错误，促使孩子学会自我反省，激发起他们内在的纠正错误的想法，这样在今后的生活中，孩子就会少犯或是不犯类似的错误。

"我再也不会把金鱼捞出来了"

霏霏很喜欢小金鱼，她经常背着爸爸妈妈，偷偷地把客厅鱼缸里的金鱼捞出来玩。

有一次，碰巧被爸爸看到了，爸爸也很喜爱金鱼，哪里受得了孩子把自己养的金鱼这样活生生地捞出来。

还好，霏霏爸爸没有打骂、惩罚霏霏，但是对于爸爸的教育，霏霏根本听不进去，依然偷偷地把金鱼捞出来玩。于是，爸爸决定让孩子自己认识到自己的错误。

没过几天，鱼缸里的金鱼因为被霏霏拿出来玩，都死了。爸爸没有批评她，也不买新的金鱼。爸爸问霏霏："你知道我们为什么不买新的金鱼吗？"

霏霏想了想说："因为我把金鱼捞出来给弄死了。爸爸妈妈你们去买吧，我

问题 35 "妈妈，我错了"

知道错了，我再也不把它们捞出来了。"

孩子意识到自己的错误了，爸爸妈妈很高兴，就带着孩子一起去买了金鱼。

可见，当孩子做错事时，父母可以采用冷静的态度，从侧面引导孩子进行自我反省，认识自己所犯的过失，从而帮助孩子形成正确的是非观念。

每个孩子都有强烈的自尊心，父母用责骂的方式会严重伤害孩子的自尊心，并不能帮助孩子从思想上认识自己的错误。

此外，父母更不要在外人面前指责孩子，对孩子的批评要符合实际情况，不要夸张，做过多更坏的推断，这样才能真正让孩子学会反省。

让孩子承担后果

当孩子犯错时，很多父母经常会为孩子承担后果，或者替孩子向别人道歉，使孩子觉得做错了也没关系，因为万事有父母在，长此以往，会使孩子丧失责任心，今后还会再犯类似的错误。

"我甘愿受罚"

小勇最近上课总是爱睡觉，无精打采的，老师今天特地来家访了，看看到底是什么原因。小勇的妈妈马上意识到孩子是因为玩游戏睡觉晚，才出现现在的状态……

妈妈将老师送走后，没有批评、责骂小勇，而是把放在他屋子里的电脑搬走，还以减少他一个月的零花钱作为惩罚。

小勇虽然很不高兴，但他也知道这次实在是自己错了，也心甘情愿地接受了妈妈的惩罚。

可见，父母要让孩子懂得，如果是自己做错了事，就该自己负责，让孩子引以为戒。

父母还要允许孩子为自己辩解，在孩子辩解的过程中，不仅让父母了解了事实，还锻炼了孩子的反省能力。当然，给孩子辩解的机会，并不是让孩子推卸责任。父母不应事事为孩子承担，孩子做错了事情，要鼓励孩子认真分析错误，主动承担后果。

帮助孩子说出"对不起"

道歉对于任何一个年纪的孩子都不是一件易事。他们可能不认为自己有错，也可能因为恐惧或者难为情而拒绝说出"对不起"。你可以参考下面的小建议，帮助孩子说出"对不起"。

保持中立。 孩子之间的冲突，可能根本说不清谁对谁错、谁应该道歉。当你听到孩子们相互推诿"是他先带头的"或者"全是他干的"时，你可以跟他们解释一下：其实并不是谁做错了什么事情才要说道歉。无论事情是怎么发生的，每个人都可以说"发生了这样的事，我很难过，真的很抱歉"之类的话。家长的态度可以帮助孩子平静下来，不再互相伤感情，并且把事情往好的方向推进。

体谅孩子。 告诉孩子你知道说出"对不起"是件难事，所以你愿意帮助他说出来。如果孩子比较小，你就可以和他一起说："来，我数一二三，咱们同时说，好不好？"还有一些孩子需要一段平静下来的时间，所以不要逼着他马上说，完全可以给他一个接受的过程。通过一幅画或者一个字条来表达歉意也是比较温和的方式之一，很多孩子喜欢这种方式。另外，送一朵小花或者轻轻抱一抱对方，也是很好的表达歉意的形式。

不要勉强。 鼓励但是不要勉强孩子道歉，否则会把情况搞得更糟，孩子也更难以接受。我们都知道，凡是在逼迫的情况下说出的"对不起"，无论是说的人、还是听的人，感觉都不会很好，而且没有丝毫意义。

改变角度。 与其对孩子说："赶快赔礼道歉！要不妮妮就不跟你玩儿了。"不如说："如果你不能想到更好的办法来让妮妮高兴的话，你们可能就不能一起玩儿了。"

问题 36

"来，爸爸陪你玩"

疑问：世上只有妈妈好

在孩子的成长和教育的道路上，妈妈扮演了很重要的角色，几乎孩子的所有事情都是妈妈在处理，也难怪会有"世上只有妈妈好"的说法了。几位妈妈如是说：

"孩子的事情太多了，生活上所有的问题我都要想到、做到，有时候孩子还会突然性地出现很多问题，常常让我措手不及。"

"孩子爸爸的工作比较忙，也没有管孩子的心思，所以孩子的事情，他几乎没有管，全部都靠我一个人。"

"孩子的事情太多了，我头都大了，总感觉管也管不完，不管是穿衣服、吃饭，还是上学、玩耍，都要我来照顾。有时候，我觉得我这个妈妈当得实在太累了。"

其实，在大多数孩子的心里，妈妈也占据着比较重要的位置，这和妈妈不辞辛劳、无微不至地照顾孩子有关系。

可同样作为孩子的家长，很多的爸爸却比较少地参与孩子教育的事情，这是为什么呢？孩子的爸爸作用不大吗？

心理：孩子成长中，父亲更重要

的确，现实生活中，在孩子的各种事情上，妈妈操心很多，而爸爸却置身事外，好像孩子的事情和他没有关系似的。其实，在孩子的成长过程中，在妈妈已经"垄断"孩子教育的基础上，父亲具有更重要的作用。

为什么妈妈是"管家婆"

妈妈承担教育孩子的重任是很普遍的现象，这有着生理的、社会的和历史的原因。

首先，从妈妈十月怀胎、生产，到对孩子的哺乳等过程，孩子就已经注定无法与妈妈分开了。

同时，经历一番艰苦的妈妈也很难割舍这身上"掉下来的肉"，于是，从孩子出生开始，养育的所有难题就"顺理成章"地落在妈妈的身上，这是一种惯性，一旦形成，很难改变。

再加上女性具有的天生的母性：慈爱、体贴、善解人意、敏感细致、重视家庭和为孩子所承担的那份责任感等，都是妈妈成为孩子的主要教育者的原因。

其次，由于社会分工的不同，女性在产后会休产假，主要精力自然就都集中在照顾孩子上。

第三，在我们传统的思想中，一直都有"男主外、女主内"的思维模式，更进一步形成了妈妈承担主要教育责任的格局。

很多妈妈存在这样的疑问：孩子出世以后，孩子的父亲就很少承担教育孩子的责任。他们总说自己工作忙，没有时间，又说教育孩子是妈妈的事，那父亲在孩子成长过程中到底有什么影响？

其实，父亲不仅是一个家庭的主导者，更是孩子心灵成长的培养者，爸爸对孩子的成长有着重要的作用。

问题 36 "来,爸爸陪你玩"

父亲对孩子的成长具有关键性及重要性

倘若孩子的成长完全由妈妈操心,是不利于孩子的健康成长与发展的,可能会使男孩"女性化",让女孩的性格更加柔弱。

当然,如果只是由爸爸独自培养、教育孩子,同样也是不利的。不管爸爸的行为是好是差,都将对孩子产生极大的影响。

促进孩子个性形成,塑造孩子行为

相关机构公布的一项最新研究成果表明,平均每天与父亲共处两个小时以上的孩子,要比其他孩子的智商高,男孩儿更像小男子汉,女孩儿长大后更懂得与异性交往。

曾有一位心理学家说:女孩子缺乏父爱则数学会学不好,而男孩子缺乏父爱会产生情感障碍。当然这种说法的正确性有待商榷,但是,这也从一方面反映了父爱对于孩子成长的重要性。

一般情况下,爸爸一般具有经验丰富、心胸开阔、性格刚强的特点,这些特点对孩子来说是一种优势。

在孩子成长过程中,妈妈为了孩子的事情常常试图与他人商量,或者仅仅想向人诉说,而和孩子一块儿玩耍的爸爸却能够在孩子的心中留下快乐的印记。

这不仅能为父子关系奠定良好的基础,同时,对孩子今后顺利地度过青春期也具有重要的意义。

孩子成长不可缺少的角色

一位亲子教育学者认为,现代家庭的"男主人缺席"现象越来越普遍。"爸爸"未能参与孩子的成长,会对孩子人格的发育造成极大缺陷;在这种失衡的家庭教育分工中成长起来的孩子,其以后对两性关系的认知态度也会受到极大的影响。

爸爸还是子女的性别坐标

在孩子看来,当他们进入"性别辨认期"时,最早能分辨的便是自己的妈妈和爸爸。孩子会将爸爸所有行为特征视为一个男人所应具备的特征,以后出现的男性形象都会与最早获得的这一男性范例相比较。

父亲是孩子智慧的启蒙者

一般来讲,父亲有较丰富的知识面、较强的动手能力、较深刻的理解与判断能力以及勇于探索的精神,这些对开阔孩子的视野、发展认知能力与创造能力起着独特的作用。

男性长于理智、女性富于感情的这种男女差别,使父母与孩子的亲子交往过程中教育内容、方法、手段有着一定的差别。

美国一项最新的研究成果表明:由男人带大的孩子,智商更高些,他们在学校会取得更好的成绩,在社会上更容易成功。

总之,父母的感性与理性的融合,是开启孩子智慧的最佳条件。所以,在孩子的教育问题上,爸爸们,请站出来!

解决:爸爸,站出来

既然爸爸在孩子的教育问题上,具有很多不可替代的重要作用,那么爸爸就应当主动地站出来,承担教育孩子的责任。

不可或缺的父爱

对孩子来说,爸爸代表着无穷的力量与强大的依靠。如果爸爸不注意对子女成长的关心和指导,不注意学习和掌握现代家庭教育知识,对孩子的成长是十分不利的,甚至是危害极大的。爸爸角色的弱化和缺失,或多或少会给孩子带来心理上的不安全感。

一位妈妈说:"孩子4岁那年,孩子的爸爸被派遣到外地工作,这一去就需要3年。开始我没有太在意,觉得爸爸不在对孩子应该不会有什么大的影响。"

然而,有一次,家里请了个木工师傅来做家具。一向不同陌生男子说话的女儿却缠着这位木工师傅说个没完,甚至还可怜兮兮地对木工师傅说:"你抱抱我好吗?"让人纳闷。

问题 36 "来,爸爸陪你玩"

当木工师傅走后,我问女儿为什么跟这位叔叔如此亲近?女儿低着头默默地说:"我觉得他长得像爸爸……"

此后,我让丈夫在打电话时也给女儿单独说上几句,让女儿感受到爸爸对她的关怀。可是我知道,爸爸的关爱又岂是几个电话就能代替的?

孩子总是活泼好动的,在成长过程中需要爸爸强有力的臂膀。所以,爸爸首先要有足够的热情参与进来,和儿子一起玩组装玩具、研究各种汽车模型,和女儿用布娃娃玩过家家、给她讲白雪公主的故事等等。

和孩子们在一起的时候,爸爸会发现他们的创造力是无穷的,但是对某些游戏又是那么执著,捉迷藏、被爸爸举得高高的……这样的游戏,爸爸不妨经常和孩子玩一下。

承担起教育孩子的责任

很多人认为,好爸爸的标准不仅仅是帮妻子做一些简单的家务,和孩子做做游戏那么简单,好爸爸还需要在孩子的教育问题上发挥作用。

父母教育的主导方向是什么?要给孩子一个怎样的童年?有了这些愿望,又该如何一步一步去实现?这些都不仅仅是妈妈应该思考的问题,爸爸同样需要有自己的主张,然后通过和妻子协商、达成共识,而在执行的时候,父母双方不仅是监督者和评判者,更是实践者。

一位爸爸说:"天黑了,我必须去接孩子,让孩子感受到来自父亲的强大庇护;孩子的作文写得不错,我就鼓励孩子多次修改,终于被印成铅字。这极大地鼓舞了孩子的写作兴趣,她还被选为学校的文学社社长。"

做创造型父亲

与那些有育儿经验的过来人相比,爸爸更有精力也更富创造性。所以,在学习别人的经验的同时,没有必要过于拘泥,完全可以根据实际情况从容应对。

当把这种创意纳入孩子的生活当中的时候,就会发现生活空间会逐渐变得灵动起来。当和孩子做游戏的时候,哪怕是很夸张的一个小动作,都可能会逗得孩子笑开怀。

解决难倒父母
的36个问题

"8根火柴怎样拼出14个正方形？"

"从1到100的所有偶数之和比所有奇数之和大多少？"

10 分钟游戏 增进父子感情

类似的游戏每个爸爸都可以和孩子一起玩，游戏是孩子表达情绪、想法和行动的工具，而爸爸的陪伴和参与能够增加孩子的安全感和游戏的灵感，使孩子玩得更尽兴、更快乐。

而且游戏可以对孩子的视觉、听觉、触觉、动作等进行训练，使孩子各方面的素质在游戏中得到提升。

有些爸爸经常给孩子买礼物，给孩子零花钱，但这也只能安慰孩子一时。这是因为爸爸和孩子的感情交流是物质和金钱难以替代的。只有每天和孩子一起玩10分钟，孩子才会深刻体会到父爱的味道。

生活中，很多爸爸是最忙的人，他们每天早早出门，迟迟归来，匆忙吃完饭后就洗漱，但是这时孩子早已睡去了。爸爸不能陪孩子玩游戏，就意味着失去了一个和孩子交流的宝贵时间，失去了培养自己和孩子之间的感情的机会。

太累了，明天再陪你玩吧！